동일본대지진과 핵재난 — 와세다 리포트 4

동일본대지진과 헌법

일본에 직언하다

미즈시마 아사호 지음
水島朝穂
박미현 옮김

고려대학교출판부
KOREA UNIVERSITY PRESS

東日本大震災と憲法: この国への直言
水島朝穂 著

머리말 그날

3월 11일(금) 오후 야마나시山梨의 일터에서 혼자 원고를 쓰고 있었다. 아무런 예고도 없이 갑자기 크게 흔들렸다. 벽의 액자가 떨어졌다. '이건 큰데.' 즉시 TV를 켰다. 진도 5. 동북 지방은 진도 7인 지역도 있다. 매그니튜드는 8.8(후에 9.0으로 수정). '큰일났다!' 화면을 응시하니 TV가 꺼졌다. 정전이다. 난로도 꺼졌다. 눈이 흩날렸다. 금방 복구되리라 여긴 것이 어리석었다. 평소 저녁 5시면 '꿈속의 고향' 멜로디를 크게 울리며 '인권 상담'이나 '고민 상담'까지 방송하던 방재행정 무선방송 송신탑은 침묵했다.

정전 후 세 시간이 지나자 주위가 어둑해졌다. 손전등을 준비하는데 갑자기 방재 송신탑에서 큰소리로 방송이 시작됐다. '지진에 대한 정보이겠지' 하고 귀를 기울이자 '내일 1시부터 인생 상담합니다—개인의 비밀은 꼭 지킵니다'라는 평상시의 내용이었다. 이런 긴급사태에 '인생 상담'이라니. 너무나 생뚱맞아 쓴웃음을 지었다.

주위는 어두워지고 이윽고 깜깜해졌다. 가로등을 비롯해 모든 인공의 불빛이 꺼졌다. 별이 너무나 가까이 보인다. 이때가 잠깐의 평온이었다. 고도 1,050미터라 춥다. 눈이 또 내렸다. 몇 번이나 자동차 시동을 걸고 라디오에 귀를 기울이며 정보를 수집했다. 휴대폰이 늘 '서비스 지역 이탈'이어서 산 중턱에 있는 편의점까지 차로 내려가 메일을 송수신했는데 이날 밤에는 두 번이나 오가며 인터넷 동영상을 보았다. 아연했다. '쓰나미!' 믿지 못할 영상이었다. 화면이 작아 상태를 제대로 알 수가 없었다. 어둠 속에서 추위가 더했다. 점퍼를 입고 머플러를 하고 이불을 뒤집어썼다.

새벽 5시. 15시간 만에 전기가 들어왔다. 실내는 4도까지 내려갔다. TV에서는 쓰나미가 집들을 집어삼키는 순간을 전했다. 도대체 무슨 일이 일어났단 말인가. 지금까지 본 적 없는 광경이 거기에 있었다. 마을 전체가 화염에 휩싸였다. 쓰나미의 엄청난 괴력에 그저 숨죽였다. 강연이나 학회, 관광 등으로 가 본 지역도 있었다. 몸이 떨렸다.

중앙고속도로는 통행금지, JR 중앙선도 전면 운행금지다. 대학에 전화하니 내 연구실은 11층이라 심하게 흔들려 문이 열리지 않는다고 직원이 첫 소식으로 알렸다.

이틀 뒤 간신히 귀가하여 학교로 향했다. 전차를 갈아타는데 평소보다 몇 배나 시간이 걸렸다. 연구실 문은 겨우 열었지만, 그 안은 발 디딜 틈 없을 정도로 책과 자료와 '역사 기념물'이 뒤얽혀 있었다. 고생해서 얻은 나치 시대와 태평양 전쟁 때의 '골동품'이 깨지고 부서졌다.

이것은 개인적인, 아주 작은 '지진 체험'이다. 재해 지역의 주민에 비하면 아무것도 아니다. 지금까지 재해를 대하는 도쿄의 감각은 늘 '지방에서 일어나는 재해' 정도였지만 이번에는 달랐다. 도쿄는 바로 '당사자'가 되었다. 단지 지요다구千代田区의 구단회관이 붕괴하여 사상자가 날 만큼 흔들렸다는 사실만이 아니다. 모든 교통기관이 마비되고 '퇴근 난민'이 대량 발생한 것도 크다. 도시가 지진에 얼마나 약한지 절실히 알게 되었다. '계획 정전'이 생활과 교통에 미친 큰 영향. 그리고 무엇보다 후쿠시마 제1원전의 폭발로 말미암은 방사능 오염으로 도쿄를 비롯한 전 국민의 '당사자성'이 높아졌다.

그런데 이번 지진에서는 관동 대지진이나 한신·아와지 대지진 때보다 거대한 '관측사상 최대의 지진'이라는 표현이 나왔다. 지진 직후 기상청이 명명한 것은 '동북 지방 태평양 해상 지진'이었다. 그 뒤 세 가지 호칭이 미디어마다 사용되었다. '동일본대지진 재해'(아사히, 마이니치, 교도통신, 광역지, 지방지), '동일본 거대지진'(요미우리, 닛케이), '동북 관동 대지진 재해'(NHK)이다(보충: 4월 1일 내각회의에서 '동일본대지진'이라는 호칭이 결정되어 NHK는 오후 7시 뉴스부터 '동일본대지진 재해'를 사용하였다).

이번 재해의 특징은 지진만이 아니라 쓰나미와 원전 사고를 동반한 복합형 대참사catastrophe라는 점일 것이다. 더욱이 거대한 쓰나미로 실종된 사람이 극단적으로 많다. 지방자치단체나 지역 단위로 소멸하여 구원의 손길이 닿기 어렵다. 거기에 원전 사고가 덮쳤다. 원전 사고로 구호물자가 재해 지역보다 훨씬 먼 곳에서 멈추어 버렸다. 이것이 재해 주민의 구호를 더디게 하는 원인이다.

독일은 2004년 수마트라 해상 지진 쓰나미에 관광객 3,200명이 휩쓸려 사망한 일로 'Tunami'(독일어 사전어도 그대로 실렸다)에 대한 관심이 상당히 높다. 또한, 원전 사고도 전환점에 있기 때문에 미디어에서는 늘 머리기사로 다루고 정보도 상세하다. 한 예로 《슈피겔》지의 인터넷 사이트에는 후쿠시마 제1원전에서 흘러나온 방사능의 확산 지도가 시시각각 올라오고 있다.

3월 17일 즈음에야 겨우 원전 내에서 투혼하는 작업자에게 주목하기 시작했다. 일본에서는 《도쿄신문》 3월 17일자 제1사회면이 '건물 안, 필사의 작업'이라는 제목으로 건강에 피해가 생길 만큼 피폭을 당하면서도 작업 중인 사람들의 모습을 전했다. 독일의 보수지는 '이름도 없는 50명이 일본의 마지막 희망이다'(50 Namelose sind die letzte Hoffnung Japans)라는 큰 제목으로 후쿠시마 원전에서 필사의 노력으로 원전의 폭주를 막으려는 작업자를 전했다(Die Welt, 2011.3.16). '후쿠시마의 영웅들'이라는 논평을 개재한 좌파계열 신문도 있었다(Taz, 2011.3.16). 마지막까지 남았던 사람들의 90%는 도쿄전력 직원이 아닌 자회사나 아래 도급 회사의 비정규 고용자라는 지적도 있다. 《디벨트Die Welt》지는 기자회견에서 우왕좌왕하는 도쿄전력의 엘리트 간부들과 비교하면, 도쿄전력의 직원도 아니면서 신변의 위협을 무릅쓴 작업자들을 '소방관과 같은 윤리관'을 가지고 있다고 했다.

간 내각은 이와 같은 중대 사태에 제대로 대응하지 못했다. 내각관방은 대규모 지진과 같은 사태의 초동 체제를 매뉴얼로 작성해 놓았지만, 수상의 대응은 규정에 없다. 왜 그런가. 수상은 최고책임자로서, 매뉴얼에는 없는 판단을 요구받기 때문이다. 일본의 '위기관리'의 치명적인 약점은 시스템의 문제보다 그것을 운영하지 못하는 사람과 정치에 있다.

대규모 재난이 발생했을 때 과제는 정부나 지방의 모든 관민이 힘을 모아 종합된 힘을 어떻게 발휘하는가이다. 한신·아와지 대지진 이후 소방단과 경찰, 자위대 모두에서 대규모 재난을 대처하는 조직, 장비, 운용이 개선되었다. 구조조직의 방식은 큰 과제이다. 그러나 '사령탑'이 부재하면 애써 모인 물자와 인원을 종합적으로 활용하지 못하고 재해 주민에게 필요한 물품이 전달되지 못한다.

헌법학자의 시각에서 말하자면 16년 전의 한신·아와지 대지진 때 카를 슈미트의 '예외상태론'을 인용하여 더욱 강한 국가를 요구하는 목소리가 높았을 때 구리키 히사오栗城壽夫 교수가 '위기관리와 헌법'를 통해 냉정한 논의를 불러일으킨 것이 생각난다(구리키 외, 《재난의 사상—한신대지진과 전후 일본》, 후지와라서점, 1995). 이번에는 그런 논의는 현재까지 전면에 나오지 않았다. 그 이유 중에는 정권 교체 후 미숙한 '정치 주도'의 결과 이 나라 관료 기강의 움직임이 둔하고 수상과 장관, 정치인의 '정치 수동'도 크다는 점도 있다(3월 17일 20시 50분 원고).

* * *

윗글은 지진 발생 6일 후에 탈고하여 3월 21일 '직언'에 올린 글을 수정하고 줄인 것이다. 나는 홈페이지의 일부 독자에게 메일 매거진을 발신하는데 동북 지방의 독자로부터는 현지의 피해 상황을 알려주는 메일을 받는다. 특히 고리야마郡山 시의 독자에게서는 비명과 같은 장문의 메일을 자주 받는다. '현지에 가 봐야지' 하는 마음이 나날이 커졌다. 이런 생각을 고리야마에 있는 지인에게 전하자 즉시 후쿠시마, 미야기, 이와테 지역을 돌아볼 수 있는 준비를 해 주었다.

이하는 일주일에 한 번 갱신하는 홈페이지 '평화헌법 메시지'(http://www.asaho.com/)에 올린 '직언'을 시간별로 열거하여 내 눈으로 직접 본 '3·11'부터 삼 개월간의 상황(제I부)과 '동일본대지진과 헌법'을 논한 것이다(제II부).

이 책은 한 사람의 헌법 연구자로서 발로 걸으면서 '동일본대지진과 헌법'을 생각하고 쓰고 논한 기록이다.

※ 이 책에 사용된 사진은 대부분 저자가 촬영한 것이다. 그중에는 미즈시마 연구실 학생과 와세다필하모니 관계자가 촬영한 사진도 포함되었다.

차례

제 I 부

현장을 가다

제 1 장

'상정 밖'이라는 말
—동일본대지진 후 한 달간

—직언, 2011년 4월 11일

45번 국도. '산리쿠도'라 불리며 센다이仙台와 아오모리青森를 잇는 일반국도로 동북 태평양 연안으로 뻗어 있다. 일본 3대경치 마쓰시마松島를 관광하며 지나간 적이 있다. 그때는 '쓰나미 침수 예상 구역'이라는 표지판을 알아차리지 못했다(사진 1, 2). 사진은 와세다대학 미즈시마 연구실 8기생인 M군(모 방송국 근무)이 이달 상순에 이와테 현岩手県 가마이시 시釜石市와 미야코 시宮古市에 들어가 메일로 보내 준 것이다.

표지판에는 행정상의 판단으로 '여기까지'라고 되어 있지만, 쓰나미는 이 '예상'을 훨씬 뛰어넘은 높이, 크기, 깊이로 덮쳤다. 도쿄대 지진연구소의 조사에 의하면 미야코 시宮古市 다로田老 지구에서는 그 높이가 37.9미터까지 달했다고 한다(《요미우리신문》, 4월 4일

사진 1

자). 미야코 시에서만도 사망자 250명, 실종자 1,700명이 나왔다.

동일본대지진 발생 후 한 달이 지났다. 무거운 마음이 계속되었다. 사망자 12,915명, 실종자 15,492명이라는 엄청난 숫자였다(4월 9일, 경찰청 정리). 《아사히신문》 4월 10일자는 '과반수가 고령자'라는 제목의 기사를 일면에 실었다(65세 이상이 55.4%). 《요미우리신문》 10일자는 21면부터 26면까지 여섯 면에 걸쳐 신분이 밝혀진 8,580명의 이름과 나이를 모두 실었다. 너무나 많은 사상자에 숨죽였다. 나이와 함께 읽어 내려가니 그 가족들이 떠올랐다. 이름을 보면서 일가족이 모두 사망한 오키나와의 '평화의 탑'이 생각났다. 재해 주민 수는 15만 3,680명에 이르지만 한 달이 지나도 구원의 손

길은 제대로 전달되지 않는다. 그 원인은 도쿄전력 후쿠시마 제1원전의 사고이다. 이것이 재해 지역의 구호를 더디게 하고 있다.

사진 2

2010년 2월 11일 후쿠시마 시 강연에서 알게 된 후루야 미치타츠降矢通敦 씨(75세)는 지진 직후부터 매일 거르지 않고 장문의 메일을 보내 주었다. 피난처인 후타바초双葉町의 친구 등 다양한 사람들의 목소리를 소개했다. '들어주세요'라고 호소하는 듯한 메일이다. 제대로 답장도 못 보내 죄송스럽게 생각하던 중 발신문을 모아서 보내 주셨다. 제목은 "결코 태워서는 안 되는 '끌 수 없는 불'을 우리는 태워 버렸다 — 나의 '이와키 후쿠시마 원전 재해의 기록' 메일 발신문에서"이다.

분노, 슬픔, 절망. 그 속에서 고민하고 생각하여 도쿄의 정치인에게 제안도 보냈다. 전쟁 체험 세대여 '간신히 휘발유를 채우며'라는 4월 1일 메일에 다음과 같은 대목이 있었다.

> 이른 아침과 밤 7시 반쯤에 진도 3의 여진이 있었습니다. 익숙해지는 것은 무섭습니다. 전쟁 때 공습 사이렌에 처음에는 우왕좌왕했습니다. 하지만 몇 번 반복되면 '위기의 정도'를 예측할 수 있어 방공호에 가지 않고 잤던 기억이 떠올랐습니다. 인간의 습관이란 그런 것이겠지요.

도쿄의 미디어를 향한 비판은 날카롭다. '돌아갈 땅이 없다'는 후쿠시마 피난 주민의 심정을 읊은 대목에서는 깜짝 놀랐다.

> 어제오늘의 뉴스를 포함해 보도가 점점 '도쿄화'되는 것에 통탄을 금치 못합니다. 후쿠시마는 지금도 흔들리고 쓰나미가 밀려오고 있습니다. 흔들림과 쓰나미가 '극한에 달하고 있다'는 불안에 떨고 있는 것입니다. 이 말은 '원전 피해의 확산에 대한 불안'입니다. 실제로 58킬로미터 떨어진 고리야마 시에서도 가옥과 담의 피해 복구를 망설이고 있는 분이 많습니다. 여기서 계속 살 수 있을까 하는 불안 때문입니다. 차라리 그 돈을 다른 곳(이주 지역)에 쓸까 망설이는 것도 사실입니다. 〔…〕 지금 '원전의 옳고 그름이라든지, 폐쇄해야 한다'는 논의를 할 때가 아닙니다. 〔…〕 '우선 불을 끌 것', '돌아갈 땅이 없다는 점에서 피난 주민의 사정이 다른 지역과 다르다'는 것을 호소합니다.

3월 26일 도쿄전력이 후쿠시마 현에 제1원전 7, 8호기의 증설 계획을 설명했다는 보도가 나갔고 이에 격노한 문장은 문체도 달랐다.

> 이 지경에 이르렀는데도 원전을 추진하려는 도쿄전력의 의도는 어디에 있는가. 〔…〕 에너지 정책과 이에 기반을 둔 경제성장이 원전과 하나가 된 것에 도쿄전력이 존재하는 것이 아닌가. 각본은 정해져 있다. '예상 밖의 파괴력에 예상 밖의 피해가 나고 말았다. 앞으로는 이런 사실을 엄숙히 받아들여 예상 밖의 피해에도 견딜 수 있는 설계를 확립해 가겠다'라고. 이런 논리를 앞으로 여론이 허락할

것인가(후에 도쿄전력은 4월 5일 부사장 담화에서 이 계획을 철회했다).

메일에는 후쿠시마 현지의 견딜 수 없는 마음과 생활의 여러 고민이 적혀 있었는데 여기서는 생략했다. 끝으로 이 메일을 정리한 '편집 후기'를 인용하고자 한다. 원전 추진파와 반대파 양쪽 다 사고가 일어나면 어떻게 하겠느냐는 논의를 피해 왔다는 지적은 중요하다.

> 인류가 '말과 불'을 사용하면서 비로소 '인간'이 되었고 자연을 지배하게 되었다는 일화가 있다. 지배자가 된 인간의 교만은 말을 교묘하게 사용하고 불을 지배하면서 인간끼리의 살상인 전쟁을 반복했다. 그러나 그것만으로는 부족하여 '끌 수 없는 불'인 핵을 만들고 태웠다. 그 불이 죽음의 재를 날리고 아메리카의 스리마일 섬과 소련의 체르노빌 원전 사고를 낳았으며, 그리고 지금 보잘것없는 섬나라 일본의 이와키에서 어찌할 수 없는 불안과 아픔을 지우지 못하고 있다.
>
> 〔…〕 원전을 부정하는 이도 과연 스스로 원자력 에너지(전기)에 의지하지 않을 만큼 생활을 개선해 왔는가. 어느새 '용인'해 온 것도 사실일 것이다. 그래서 나를 포함해 '우리'라는 표현을 사용한 것이다. 물론 원전 위험에 관한 교육도 받았고 '반원전' 행동도 어느 정도 전개했다. 하지만 그것은 '교과서에 나올 법한 관념적인 반대'이지는 않았는가. 실제로 원전 사고라 하더라도 피해를 최소로 하는 대책은 여러 가지가 있겠지만, 그것을 논의하는 것 자체가 원전 추진 측에서는 '안전 신화'를 스스로 무너뜨리는 것이고, 우리

도 원전 폐지가 목표인데 사고 대책을 논의하는 것은 원전의 존재를 인정하는 이미지도 적잖이 있었던 탓이라는 것도 부정할 수 없다. 〔…〕 그러나 지금 구체적인 사실을 눈앞에 두고 어찌할 바 몰라 그저 놀라고 주저앉고 도망가는 것도 사실이다. 그래서 지금을 살아가는 자의 책임은 이 사실을 똑똑히 기억해 남기는 것이라고 생각한다.

〔…〕 원전 폐쇄를 향한 길도 여전히 위험이 따를 것이다. 끝까지 지켜보고 싶지만 아마 40%의 국민은 그 마지막 모습을 볼 수 없을 것이다. 그만큼 오랜 시간이 걸리고 방대한 비용과 희생을 동반한 작업이 될 것이다. 〔…〕 센다이로 향하는 6번 국도 오른쪽에 거대한 시멘트 산이 여섯 개 있다. 그 산은 바람과 눈에 바래어 회색으로 더럽다. 버력 더미라면 언젠가는 숲이 우거진다. 그러나 콘크리트는 콘크리트인 채 그대로이다(2011년 4월 5일).

'예상 범위 내'라는 말은 '2005년 유행어 대상' 후보에 오른 적이 있지만, 반대말인 '예상 밖'이라는 말은 3월 11일 이후 도쿄전력과 정부기관 관계자들의 입에서 되풀이되었다. 원래 매그니튜드 8.8이 9.0으로 수정된 것을 두고 '비정상적인 거대한 천재지변'(원자력 손해배상법 3조 1항)인 경우는 배상을 면하기 때문에 이를 '예상'한 것은 아니냐는 시각도 있다. 쓰나미는 '침수 예상'을 쉽게 무너뜨렸지만, 원전을 두고 그리 간단하게 '예상 밖'이라는 말을 내뱉을 수는 없을 것이다.

2010년 5월 26일 중의원 경제산업위원회에서 요시이 히데카츠吉井英勝 의원(공산당)은 지진 등으로 말미암은 '전원 상실電源喪失'을 초래하는 경수로 용회의 위험성을 질문했다. 이에 대해 원자력안전·보장위원장은 말을 이리저리 돌리며 '논리적으로는 생각할 수 있다'는 정도로 언급했다. 어물쩍 넘어가는 대답은 '예상하지 않는다'에 가깝다. 그리고 이번 후쿠시마 제1원전에서는 실제로 국회에서 지적한 전원 상실 사태가 일어나고 말았다.

또 문제는 후쿠시마 제1원전은 안전 대책이 심각하게 미비했다는 점이다. 2011년 4월 6일자 《아사히신문》은 피해가 확대된 배경에는 비상용 디젤 발전기의 설치 장소에 안전 설계상 문제가 있었다고 보도했다. 도쿄전력이 개선 공사를 하지 않은 이유는 '대공사이고 비용이 든다'는 것과 '나중에 고치면 애초의 대책이 느슨했다는 지적을 당한다'는 것이었다. 시미즈 마사타카清水正孝 사장이 '비용 삭감기'라 불리며 경비를 절감한 공으로 사장이 되었듯이 역대 경영진은 원전의 안전에 돈을 쓰기를 꺼렸다. 후자는 본말전도이다. '안전 신화'를 유지하기 위해 '원전 사고도 일어날 수 있다'고 여겨지는 개선공사를 하지 않은 것이다.

전 세계는 후쿠시마 제1원전의 사태에 주목하고 있다. 이 사고가 직접 영향을 미친 곳은 독일일 것이다. 사고 이틀 후 바덴부르텐베르그 주의회 선거에서 환경보호를 내세운 (그만큼 평화에서는 보수파인) '녹색당'이 배 이상의 득표를 했다. 보수 성향이 강한 주에서 사민당(SPD)과 연립 정권을 이루고 주의 수상이 될 가능성이 있다. 또 여론조사에서도 높은 지지율을 얻었다(베를린에서는 제1당). 독일의 기상청과 연방지질조사연구소(연방경제기술성 산하)가 후쿠시마 제1원전에서 나오는 방사능 물질의 확산을 인터넷에 시시각

사진 3

각 전하고 있다. 접속 수도 엄청나며 독일 국민의 관심은 대단히 높다. '녹색당'의 약진이 '후쿠시마 효과'라고 보는 이유이기도 하다.

1980년대 초 유럽에서 반핵 운동이 활발했을 때 유럽이 히로시마처럼 되는 것을 줄여 '유로시마Euroshima'라는 말이 유행했고 문장紋章에도 자주 사용되었다. 당시의 반핵운동 자료가 내 서재에도 있는데 그때처럼 '후쿠시마는 어디에서나Fukushima ist überall'라는 문장이 퍼지기 시작했다. 일본어로 '원자력? 사양'이라고 쓰여 있다. 이 비핵운동은 '독일의 원전은 일본 원전보다 안전하지 않다'고 알리고 있다. 즉 '독일은 쓰나미가 없으니까'라는 점은 이유가 되지 않는다. ①모든 안전 시스템은 기능을 발휘하지 못한다, ②후쿠시마 제1원전과 같은 건설 원리이고 노후되었다, ③일본보다 큰 원전이므로 위험도 크다, ④일본의 원전은 독일의 원전보다 훨씬 지진에 강하다, ⑤쓰나미는 없지만, 독일에는 원전을 마비시킬 폭풍우가 있다. 여기서 논점 하나하나의 소개는 생략하지만 '후쿠시마'의 하루하루는 원전에 회의를 품게 하는 데 충분할 것이다.

앞으로 독일에서는 원전에 대한 이탈 움직임이 급속히 진행될 것이다. 20년 전 바이에른 주 바카스도르프에서는 핵연료 재처리 시설 건설이 중지되었다(《베를린 히로시마 거리—평화헌법을 생각하는 여행》, 중국출판사, 1994년, 103-111쪽 현지르포 참고). 또 독일의 첫 고속증식로가 될 뻔한 카르칼 원전도 원자로 이동 허가가 나지 않아 유원지와 호텔로 바뀌었다. 이것은 궁극적인 '전환'이었다.

뮌헨 대학 사회학자 울리히 벡Ulrich Beck은 '후쿠시마에서는 안전 신화도 모두 타버렸다(verglüht)'라는 논평을 《포커스》지에 실었다(Focus, Nr.13 vom 28.3.2011). 벡은 체르노빌원전 사고 직후, 《위험사회Risikogesellschaft》(1986)〔일본어판, 《위험한 사회—새로운 근대를 위한 길》(법정대학출판국, 1998). 우리말로도 번역되었다〕를 출판한 것으로 유명하다.

벡은 논평에서 말한다. '글로벌 위험사회에서 위험은 이제는 국내에서 보험에 들거나 책임을 물을 수 있는 것이 못 된다', '18세기 이후 보장된 생활이라는 신화와 승리의 길이 존재했었지만, 후쿠시마와 함께 타버리고 말았다'. 벡은 '작은 위험은 자세히 규제하지만 거대한 위험은 이론적인 잔존 위험으로 공인하고 또 요구하는 법 시스템'을 문제시한다. '도대체 누가 잔존 리스크를 정의할 것인가', '누가 원자력 산업의 감독관을 감시할 것인가'. 벡은 원자력 산업의 위험만을 논하지 않는다. 오늘날 위험사회에서는 정통적인 정치가 유일한 결정자가 아니므로 '정통적인 정치 우위가 회복되어야 하는 책임의 위기이기도 하다'.

'후쿠시마' 후에는 지금까지 원전의 안전성을 언급했던 핑계는 하나같이 의혹을 피할 수 없다. '안전 신화'의 붕괴는 단순히 개별적인 원전 기술의 안전 문제에 머물지 않는다. 도쿄전력을 감독하는 원자력안전·보안원이나 원자력안전위원회는 그동안의 무능력과 방관을 전 세계에 알리고 말았다. 최대 원전 추진파인 경제산업성 산하에 보안원이 존재한다는 것 자체가 벡이 말한 '누가 원자력 산업 감독관을 감독하겠는가'라는 문제를 날카롭게 제기하고 있다.

지금부터 약 반세기 전인 1961년 1월 1일 원자력 기본법이 시행되었다. 기본법 2조에는 원자력의 연구, 개발, 이용은 '평화적인 목적에만 한정하고 안전 확보를 위해 민주적인 운영하에 자주적으로 이를 행하여 그 결과를 공개하고 나아가 국제 협력에 도움되도록 한다'라고 있다. 안전이 경시되고 원자력에 기댄 산업, 관료, 학자, 미디어가 '원자력 촌'을 형성하여 비민주적 운영과 비밀주의를 일삼았다. 모든 것이 반세기 이전의 법적 이념을 배반한 것에서 초래된 것이다.

이 논의를 파헤쳐 보면 사고가 나면 되돌릴 수 없는 원자력을 사기업이 이윤추구의 수단으로 삼아도 되느냐는 근본 문제에 봉착한다. 단순히 철저한 관리·감독으로 정부가 완전히 관리하면 문제 없는가 하면 또 그것은 아니다. 원자력을 사용한 무기(핵무기)는 물론이고 '평화 이용'의 원전과도 인류는 이제 결별해야 할 시기가 온 것은 아닐까. 동일본대지진은 인류를 향해 그 거대한 '첫 펀치'를 가했다고 할 수 있다. 그렇다고는 하더라도 아직은 이런 큰 담론을 논하기에는 현재의 문제가 산적해 있다. 후쿠시마 제1원전 사고로 피난 지역이 확대될 가능성도 있고 동북 지방의 이재민 구호가 시급하다.

제 2 장

재해 파견을 본 임무로

—직언, 2011년 4월 18일

'재해 파견'이라는 현수막을 단 지프를 선두로 73식 중소형 트럭, 구급차 등 20여 대가 수몰되었다. 육상자위대 제22보통과연대(미야기현 다가성多賀城 주둔지)의 재해파견부대 안에 정렬된 차량에 쓰나미가 덮쳤다(《산케이신문》, 3월 28일자 1면). 이 연대는 15시 18분에 재해 파견 준비에 돌입했다(연대 홈페이지 참고). '천재지변과 그 외의 재해', '특히 긴급할' 때에는 현 지사의 재해 파견 요청이 없어도 부대를 파견할 수 있다(자위대법 83조 2항 단서). 한신·아와지 대지진(이하 '한신'이라고 함) 때 '지체'된 요청이 문제가 되어 그 후 '진도 5도약 이상'일 때 '자주적인 파견'이라는 형태로 초동이 빨라졌다. 이 연대도 정해진 대로 행동했지만 쓰나미는 예상하지 못했을 것이다. 사진을 보면 지진 후 짧은 시간 내에 차량을 정렬하고 담당 구역으로 출동하려던 것임을 알 수 있다. 대원들은 그 지역 출신이 많고 그 가족들도 재해를 당했다(《요미우리신문》, 3월 28일자).

나는 '한신' 때처럼 '자위대를 더 빨리 투입하라'는 단순한 자위대 활용론에 의문을 제시해 왔다. 그리고 재해 구조의 조직 방식에 문제를 제기하고 소방구조대를 모델로 자위대도 같은 방식으로 전환되어야 한다고 주장해 왔다. 재해 파견을 본 임무로 하는 것도 자위대가 '군'의 속성을 점차 축소하여 재해파견전문부대로 질을 전환하는 구상(내가 주장하는 '해편解編' 구상)이 필요한 과정이라고 생각하였다(졸고, 〈자위대의 평화 헌법적 해편 구성〉, 후카세 타다카즈·스기하라 야스오·우라타 겐지, 《영구 세계의 평화를 위해—일본 헌법이 제언》, 게이쇼쇼보, 1998년; 졸고, 〈평화정책의 시점 전환〉, 후카세 타다카즈·우에다 카츠미·이나 마사키·미즈시마 아사호 편, 《평화헌법의 확보와 신생》, 홋카이도대학출판회, 2008년 참고).

자위대는 '일본의 평화와 독립을 지키고 국가의 안전을 유지하기 위해 직접 침략 및 간접 침략에 대응해 일본을 방위하는 것을 주된 임무'로 한다(자위대법 3조 1항). '주된 임무'는 국민이 아니라 '국가'의 '방위'이고 재해 파견은 '부수 임무', '본 임무'에 대한 '보조 임무'에 위치한다. 일찍이 자위대법 100조의 세부 항목에 PKO (Peace Keeping Operation, 평화유지활동)도 포함되었던 때도 있지만 2006년 자위대법 개정으로 해외파견 임무가 '본 임무'에 가까워졌다. 그렇지만 '주 임무 수행에 지장이 없는 한도에서'라는 조건이 있다(동 3조 2항). 2006년 개정 때에도 재해 파견을 본 임무로 하는 것에 거센 저항이 있었고 해외 파견을 본 임무로 하는 것조차도 '지장이 없는 한'이라는 조건이 덧붙여졌다. 즉 자위대의 본질은 어디까지나 '방위'에 있고 이 점이 헌법 9조와 연계되어 논의를 불러일으킨 것이다. 다만 각종 여론조사에서 보듯이 국민이 자위대를 지지하는 주된 이유는 '부수적 임무'인 재해 파견에 있으며 연간 400회 이상 이루어진 활동임을 무시할 수 없다.

동일본대지진에서는 자위대의 '부수적 임무'가 전면적으로 전개되었다. 간 수상은 애초 5만 명 태세였던 것을 충분한 조정도 없이 '정치 주도'로 10만 명 태세로 끌어올렸다. 운영상 휴식부대, 준비부대, 실시부대가 삼교대로 이루어지는 것이 일반적이므로 여기에는 상당한 무리가 있었다. 그러나 수상의 치졸한 지시라 하더라도 사태의 심각성을 간파하고 자위대의 대규모 투입이 즉시 결정되었다. 3월 14일 11시 '2011년 동북 지방 태평양 연안 지진에 대한 대규모 재해 파견의 시행에 관한 자위대 행동 명령'(자위대 행동 명령 제6호)이 발하였다.

육상자위대 15개 사단·여단의 60퍼센트 이상이 동원되었고 항공기 550대, 함정 50척 이상이 전개되었다. 즉시 예비 자위관自衛官도 처음 투입되었다. 10만 6천 명의 대부대의 지휘는 동북방면총감에게 일원화되었다. 다섯 명의 육상자위대방면총감(육장) 중 한 명이 해상 자위대 요코스카橫須賀지방총감과 항공자위대 항공총대 사령관을 지휘하였다. 2006년 3월에 통합 운영 체제로 바뀌어 '유사'(외부에서의 무력공격 사태)에 대비해 편성된 '통합임무부대'

(JTF)에서는 위와 같은 체계를 예상하였는데, 재해 파견에서는 처음 있는 일이었다. 명칭은 '재해통합임무부대'(JTF-TH)이고 위 행동명령에 따라 동북방면총감이 '재해통합임무부대 지휘관'이 되었고 육해공 자위대의 모든 부대를 지휘하였다. 무력 공격 사태에 대비한 조직이 대지진에서 움직이기 시작한 것이다. 요코타横田 기지에 처음 설치된 미군 '통합지원부대'(JSF)와 자위대의 조합은 '미·일방위협력지침'(가이드라인)에 근거한 '유사' 시의 '조정 메커니즘'과 비슷한 기능을 한다. 지진재해에 편승해 미·일 군사 관계를 급격히 강화하려는 움직임에는 경계해야 할 것이다.

동일본대지진은 '한신' 때와는 달리 대규모 쓰나미의 피해가 남북 600킬로미터 연안 지역에 광범위하게 달했다. 자치단체의 소방대를 중심으로 한 '긴급소방구조대'도 큰 활약을 했지만 광범위한 지역에 신속하고 대규모로 전개하기에는 인원 수에 한계가 있다. 경찰과 해상보안청도 유례없는 규모로 전국에서 집중적으로 모였지만, 광범위한 지역을 대처하는 점에서 자위대는 국내 최대의 조직된 인적 자원을 보유하고 항공기, 함선, 차량(노외 주행 가능)을 대규모로 신속하게 운송할 수 있다. 현시점에서는 이러한 자위대의 능력에 의지하는 것은 대규모 재해의 경우 인명 구조와 재해 구호의 필요 및 긴급성에서 합리적이다.

자위대의 초동 구조 활동으로 바다에 휩쓸려간 사람들과 고립된 가옥의 사람들이 야간에도 구조되었다. 추운 바닷물에 젖은 사람들을 한시라도 빨리 구조하기 위해서는 야간 행동 능력이 있는 헬기가 필요하다. 자위대는 관측용 OH-1, 수송에는 CH-47, 구조에는 육해공 모두 UH-60 타입의 다용도 헬기 등 보유한 장비를 풀가동하였다. 자위대가 구조한 인명은 3월 27일 시점에서 1만 9,200명이다. 시신 수용은 중간 집계로 4,150명이라고 한다(《산케이》, 3월 28일자).

사진 4

초동 구조 활동을 시작으로 자위대는 구조물자의 운송, 급수, 급식, 입욕 지원 등 이재민 구조의 상당 부분을 담당하였다. 임시 매장지로 시신을 이송하고 자치단체에서 재해 지역으로 보내는 물자 운송의 통제도 담당하였다. 항공자위기로 매일 100톤 이상의 구호물자를 마츠시마 기지로 나르고 이를 육상자위대 차량과 육해공의 헬기로 피난처까지 운송하였다.

이번과 같은 신속한 대응이 가능했던 이유는 '한신' 이후 재해 파견 할당 부대를 각 연대에 신설하고 즉각 대응 태세를 유지했기 때문일 것이다. 장비도 '한신' 이후 재해 파견이 할당된 부대에는 '인명 구조 시스템' 1형과 2형이 갖추어졌다. 이것은 소방구조대가 상비하는 구조장비로 붕괴 가옥에 갇힌 사람을 수색하고 구조에 유효한 에어잭과 유압식 커터, 파괴 구조물 탐색기, 엔진식 쇄석기 등이 포함되었다(《자위대 장비 연감 2010-2011》, 아사구모신문사).

'한신'의 교훈을 살린 장비라 할 수 있다.

유압 굴착기와 각종 도자, 도로장해 작업차 등 중기의 종류도 상당히 풍부해졌다. 이 장비들은 본래는 지뢰 부설과 지뢰원 제거 등 군사용 목적에서 갖추어진 것이지만 '전용轉用'에서 시작되어 점차 재해 파견 임무에 적합한 장비라는 인식도 생긴 듯하다.

지금까지는 전투 후방 지원인 대원의 식사, 목욕을 위한 정수 시설, 야외 취사도구 1호와 2호, 야외 세탁 세트 2형, 야외 목욕 세트 2형도 '한신' 이후 이재민 지원에 실제로 활용되었다.

그전에 배경에는 본격적인 재해 파견 훈련의 축적도 있다. 때마침 동북 지방에서는 2년 반 전에 동북 방면 전 부대가 참가하여 대규모 지진재해 대처 훈련 '미치노쿠 경보 2008'을 실시했다. '매그니튜드 8.0, 진도 6, 대규모 쓰나미 발생'을 가정했는데 바로 그대로 일어난 것이다. 그때 시설과 부대는 92식 부교를 사용하여 '민간 지원 차량에 적합한 다리'라는 명칭의 가설다리를 완성했다. 92식 부교는 50톤의 90식 전차도 지나갈 수 있도록 이전의 70식 부교와 81식 부교를 대신해 장비되었다. 이번 쓰나미로 연락교가 붕괴하여 고립된 미야기 현 히가시마츠시마 시東松島市의 미야토시마宮戸島의 구호를 위해 중기 운반 문교門橋로 사용되었다.

아울러 '미치노쿠 경보 2008'을 실시한 동북방면총감은 2004년 '가타오카 사건'(가타오카 사츠키 주계관이 육군자위대 4만을 삭감하는 재무성 원안을 제시한 '사건') 때 육상 막료 방위부장으로서 가타오카 씨에 대항한 인물이었다. 4년 후에 이러한 형태로 육상자위대의 '존재를 증명'해 보였는지도 모른다. 결과적으로는 '실전'에 도움

된 셈이다.

동일본대지진의 지진과 쓰나미의 피해 구조 활동에서는 자위대의 종합력을 평가해야 할 것이다. 나는《도쿄신문》3월 28일자 사설에 '재해 파견을 좀더 본격적으로'라는 제목으로 '육상자위대에 각종 재해를 대비한 전문 부대 신설', '과잉된 무기 구매비를 방재에 필요한 장비 구매로 돌리고 훈련 시간을 증가'하라고 제안했다. 더 나아가 재해 파견을 본 임무로 하여 최종적으로는 군사 기능을 '전용'하는 것이 아니라 군사 기능의 '전환'이 필요하다고 본다.

〈사진 5〉는 제11보통과연대(육상자위대 유일의 기갑사단자동차화연대) 차량이다. 냉전 후 소련과의 전차전 가능성이 없어져 가장 필요없는 부대이다. 이런 인원을 재해파견전문부대로 '전환'하는 것이야말로 유효하지 않은가. 예컨대 장비도 전용 헬기를 구조 임무로 '전용'할 것이 아니라 본격적인 구조 헬기(도판 II형 등)를 도입하는 것이 좀더 효과가 있다. 어느 쪽이든 군사 기능을 축소하고 본격적인 재해 구조 조직으로 바꾸는 질적 전환이 장기 과제가 될 것이다. 이

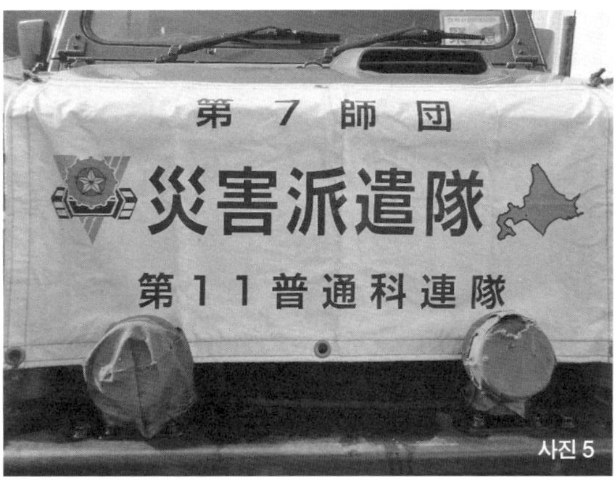

사진 5

것이 헌법에 부합한 길이고 대지진, 대규모 쓰나미, 화산 분화, 원전 사고 등 '지금 그 자리에서 일어난 위험'에 대처하는 적합한 길이기도 하다.

3월 29일 각 신문은 지진 피해 기사와 함께 러시아와 중국 항공기가 영해에 접근하여 '도발'한다는 기사도 실었다. 이는 군사적 '방위'도 잊어서는 안 된다는 유도라 할 수 있다. 주변국과의 관계 개선을 포함해 대지진 재해 후 새로운 방침개선이 필요하다.

어찌할 수 없는 거대한 기정사실에 모든 것을 내버려둬서는 안 된다. 재해 파견 활동의 평가가 곧 자위대의 '군軍'으로서의 강화에 긍정적이라 할 수는 없다. 현재의 구체적인 문제를 하나하나 정리하고 해부하여 논의해 가야 할 것이다.

※ 위 사진은 모두 졸업생이 가마이시 시에서 촬영한 것이다.

제 3 장

고리야마에서 미나미소마로

—직언, 2011년 5월 2일

4월 27일부터 30일까지 동북 재해 지역에 체재했다. 후쿠시마현 고리야마 시郡山市의 피난소를 시작으로 '계획적 피난 구역'인 이이타테초飯舘町, 심각한 쓰나미 피해를 본 '긴급 시 피난 준비 구역'인 미나미소마 시南相馬市, 원전 20킬로미터권 '경계 구역' 바로 앞까지 접근하였다. 소마 시相馬市에서 6번 국도(리쿠젠하마도)를 타고 북쪽으로 올라가 미야기현 이시마키 시石巻市에 들어갔다. 이시마키 시부터 쓰나미가 할퀴고 간 쓰라린 상흔이 여지없이 드러났다. 이웃한 오나가와초女川町로 향하여 도호쿠전력 오나가와 원전도 취재했다. 미나미산리쿠초南山陸町, 게센누마 시氣仙沼市, 이와테 현岩手県 리쿠젠타카타 시陸前高前市, 오후나토 시大船渡市, 가마이시 시石巻市, 그리고 오츠치초大槌町의 기리키리吉里吉里까지 갔다. 주행 거리는 800킬로미터가 넘었고 많은 사람이 취재에 응해 주었다. 이번 '직언'부터 '대지진 재해의 현장을 가다'라는 제목으로 연재를 시작한다.

이번 취재에서 많은 도움을 주신 분은 후루야 미치타츠降矢通敦 씨이다. 후루야 씨와는 작년 2월에 후쿠시마 시에서 한 강연을 계기로 서로 메일을 주고받았다. 지진 직후 후루야 씨의 메일 통신 '후쿠시마 원전 재해의 기록'을 '직언'에서 소개한 것을 계기로 나의 동북 취재가 단숨에 이루어졌다.

4월 27일. 신칸센이 고리야마에 가까워질수록 차창으로 보이는 집마다 천막이 눈에 띄었다. 지진으로 지붕이 무너져 내린 것이다. 흙벽이 기울어진 집도 있다. 고리야마 역 개찰구에 마중 나온 후루야 씨는 배낭에 모자, 방진 마스크까지 쓴 나를 금방 찾지 못했다.

후루야 씨의 차로 고리야마 시립 가오루 초등학교로 향했다. 방사능이 운동장 흙에서 시간당 4.5마이크로시벨트로 측정되었다. 이 수치는 문부성이 아동·학생의 야외 활동을 제한하는 기준치(시간당 3.8마이크로시벨트)보다 높은 것이어서 중기로 흙을 5센티미터 깎아 내는 작업이 진행 중 있었다. 방송 취재진도 와 있었다.

며칠 뒤, 걷어 낸 이 흙을 둘러싸고 문제가 발생했다. 쓰레기 처리장 부근 주민이 걷어 낸 겉흙의 임시 거치에 반발하였다. 결국은 학교 한 곳에 천막을 씌우고 임시로 두었지만, 이번에는 학교 주변 주민이 천막 사이로 오염된 흙이 먼지로 날린다고 항의를 한 것이다.

초등학교 부근의 사케후타 공원에도 들렀다. 입구의 표시판에는 초등학생 이하는 이용을 자제해 달라, 중학생 이상도 하루 한 시간만 이용하라고 쓰여 있었다. 벚꽃이 만개한 공원에는 사람 하나 없었다.

참고로 문부성이 4월 19일에 결정한 시간당 3.8이란 수치는 연간 적산 방사선량 20밀리시벨트를 기준으로 정한 것이었다. 이 수치는 이상하리만큼 높다. 4월 29일 고사코 토시소小佐古敏荘 도쿄대 교수는 내각부에서 사임할 때 초등학교 교정의 이용 기준에 관하여 연간 20밀리시벨트로 적용하는 것을 비판하고 '이 수치를 영유아와 초등학생에게 적용하는 것은 학문상 나의 양심상 받아들일 수 없다'고 울먹이며 말했다. '정부의 대책은 법에 따른 것이 아니라 즉흥적이다'(《츄고쿠신문》 5월 1일자). 내부의 반발에도 간 내각은 20밀리시벨트를 유지하려고 한다.

다음 행선지는 후쿠시마현산업교류회관('빅팔레트 후쿠시마'). 현대적인 이벤트 홀이었지만 원전 사고 이후 후쿠시마 제1원전 10킬로미터권 내 후타바고오리双葉郡 도미오카초富岡町와 가와치무라川内村에서 온 사람들의 피난소가 되었다. 회관 밖에는 재해대책본부가 조립식 건물에 설치되었고 육상자위대 제1사단 제1후방지원연대(도쿄 도 네리마 구)가 야외 입욕 세트를 지원하였다. 반려동물을 위한 텐트가 두 개 있고 나를 주인으로 알았는지 강아지가 킁킁거리며 얼굴을 내밀었다.

후루야 씨는 나흘간 취재를 안내하며 시라토 쇼이치白土正一 씨(61세)를 소개해 주었다. 시라토 씨의 현재 주소는 담요 한 장과 종이상자로 경계를 나눈 피난처의 한 귀퉁이였다.

도미오카초 출생. 대학 졸업 후에 도미오카초 구청에 입사하여 2000년부터 10년간 생활환경보좌 및 과장을 지냈고 이 지역 소방·교통·환경과원자력안전대책 책임자였다. 후쿠시마 제1원전이 있는 4개 지역 중 도미오카초 이외의 세 곳에서는 기획과장이 원전의 안전과 규제를 담당한다. 한쪽에서는 전원 3법電源三法의 기부금으로 원전을 추진하고 다른 한쪽에서는 규제와 안전 대책을 담당하니 점검은 자연히 느슨해질 수밖에 없다. 그러나 도미오카초만은 두 개가 분리되었다. 생활환경 과장이 철저히 안전과 규제에만 임하도록 제도상으로는 나뉘었다고 한다. 그러나 이 자리에 10년이나 있었던 시라토 씨의 근무 '성격'은 취재 중 자연스럽게 알게 되었다.

피난소에서는 시라토 씨의 소개로 주민의 목소리를 들을 수 있었다. 한 낙농업자(73세)은 비싼 미야자키산 종우에서 태어난 소 다섯 마리를 밑천으로 이제 본격적으로 낙농을 시작하려던 참이었다. 모든 소를 도살처분하라는 정부의 방침에 불신과 불만이 가득했다. '왜 좀더 일찍 소의 이동을 허락하지 않았는가!'라고. 또 스포츠센터를 경영하는 남성(59세)은 모친을 봉안하지 못하고 절 본당에 유골을 남겨둔 채 피난 온 것을 후회하고 있었다. 저마다 '돌아가고 싶은' 이유는 다양했다. 매스컴이 말하는 '망향의 그리움'과 같은 추상적인 것이 아니다. 시라토 씨는 산리쿠의 지진·쓰나미의 피해자들은 '힘내자', '복구하자!'라는 말에 힘이 나겠지만, 원전 주변 이재민에게는 이 말이 소용이 없다고 한다. '살아갈 기력을 잃어버리고 낙담이 절망으로 변하려 한다'라고 한다. 이런 상황을 조금이나마 개선하기에는 금전적인 보상밖에 없다고. 도쿄전력의 임시지급금이 지급되기 시작했다고는 하나 매스컴에서 보도하는 것만큼 순조롭지는 않은 듯하다. 더구나 이제 곧 장마철이다. 마침 날이 개어 내가 '오늘은 따뜻하네요'라고 하자 시라토 씨는 '오히려 그게 걱정된다'고 한다. 피난소 안에서는 앞으로 식중독이 걱정이라고 한다. 또 후쿠시마의 '나카도오리'(고리야마, 후쿠시마 등)는 덥다. '하마도오리(바다에 면한 지역)에서 온 이재민들은 시원한 바닷바람에 익숙한데 나카도오리의 피난소에서 무더위를 견딜 수 있을까?'라고 했다.

후쿠시마 시로 이동하여 역 앞 호텔에 숙박했다. 시라토 씨는 '오랜만에 푹 잤습니다'고 했다. 아침 5시쯤에 출발해 '경계 구역' 부근에서 취재를 시작했다. 이날은 대학원 시절부터 알고 지내던 헌법연구가 후지노 미츠코藤野美都子 씨(후쿠시마 현립 의과대학 교수)가 동행했다. 그녀는 후쿠시마 현 행정에도 관여하여 현의 내부 사정에도 상당히 밝다.

차는 먼저 가와마타초川俣町를 거쳐 이이다테무라飯舘村 구청에 도착했다. 아직 이곳은 30킬로미터권 밖에 있지만, 풍향과 지형 때문에 방사선량이 높다고 한다. 전 지역이 '계획적 피난 구역'으로 지정되었고, 정부는 주민에게 한 달 이내의 피난을 권고하지만 주민의 마음은 불안과 혼란으로 가득했다. 후지노 씨는 '이 지역은 원전과 무관해서 원전 기부금도 못 받아 자력으로 살기 좋은 마을이 되었는데 정말 안타깝습니다'라고 말한다. 지역이 운영하는 서점 '책의 숲·이이다테'에서는 '서서 읽기가 가능'(일본 서점에서는 책을 사지 않고 서서 오랫동안 읽는 것을 금하고 있다)하고 정기적으로 낭독회도 연다고 한다. 이 지역을 둘러보니 '이이다테우飯舘牛' 간판이 보인다. 브랜드의 이미지 손상은 가늠하기 어렵다.

아침 7시 반 미나미소마 시청에 도착했다. 조금 시간이 남아 해변을 둘러보았다. 차로 달리다 보니 몇 분 만에 풍경이 확 바뀌었다. 쓰나미는 해안가 주택지를 파괴하고 사망자 512명, 실종자 962명을 내었다(4월 27일 현재, 재해대책본부). 태어나 처음 본 쓰나미의 위력에 말을 잃었다. 그러나 이날 오후에 방문한 이시마키 시의 쓰나미 피해 현장은 말은커녕 소리조차 낼 수 없었다.

8시부터 미나미소마 시의 재해대책본부 회의가 열렸다. 시라토 씨의 소개로 원자력안전·보안원인 전 후쿠시마 제1일 검사관 사무소 소장 S씨에게 인사했다. 우리는 회의의 방청을 허락받았다. 미국 《타임》지가 선정한 '세계에서 가장 영향력 있는 100인'으로 뽑힌 사쿠라이 가쓰노부桜井勝延 시장이 본부장으로서 회의를 진행하였다. 시의 직원뿐만 아니라 경찰, 자위대, 소방, 다른 지역 협조단체도 참가하였다. 회의 내용 중 흥미로운 것은 간 내각의 자위대 활동 배치인데 이에 대해서는 다른 기회에 전하겠다.

미나미소마 시 지역 중에는 20킬로미터 범위에 들어가는 곳이 있다. 4월 21일에 원자력재해대책본부장(간 수상)으로부터 '경계구역 설정'에 관한 지시가 내려왔고 4월 22일 오전 0시부터 20킬로미터 범위 안으로는 불응 시 벌칙이 부기된 벌칙부로 출입이 금지되었다. 우리가 소마나미에相馬浪江 지방도를 달리자 경찰차가 와서 저지했다. '피해 대책 기본법에 의거 출입금지'였다. 허가 없이 접근하면 처벌(같은 법 116조, 10만 엔 이하의 벌금)받을 수 있다고 위협하

사진 6

사진 7

는 간판도 보였다. 21일까지는 프리랜서 기자와 주민도 들어갈 수 있었지만 '경계 구역'이 설정된 22일 이후에는 불가능했다. 참고로 방호복까지 사서 지참했지만 여기서 되돌아가야 했다. 그러나 경비를 담당한 것은 후쿠시마 현 소속 경찰이 아니라 광역 지원 경찰청 제3기동대(도쿄도 메구로구)였다. 과연 '콧대 높은 3기동대'였다. 간판을 사진 촬영한 것만으로도 꽤 끈질긴 심문 세례를 받았다

(사진 7).

그길로 우회하여 6번 국도로 나왔다. 방호복을 입은 경찰관이 가는 길을 막았다. 충돌을 피하려고 바로 앞에서 유턴하여 북쪽으로 올라갔다. 참고로 시의 경계 구역 설정에 관한 문서에 따르면 경찰관이 경계 근무를 하는 곳은 세 곳이다. 나머지는 20여 곳에 장애물만 세워져 있다고 한다. 또 보도에 따르면 20킬로미터 범위 '경계 구역' 내에는 고령자를 중심으로 아직 38명이 머물러 있고 시라토 씨가 있는 도미오카초에는 7명이 아직 남아 있다(《도쿄신문》 4월 30일자).

차 안에서 시라토 씨의 이야기는 계속되었다.

> 애초에 정부가 동심원을 그리고 일률적으로 몇 킬로미터 범위라는 식의 선 긋기가 잘못되었습니다. 방사선량을 자세히 측정해서 등고선으로 자세히 위험 지역을 표시했으면 20킬로미터 범위 내 지역이라도 출입이 가능한 곳이 있었을 것입니다.

시라토 씨는 후쿠시마 현 원자력발전소 소재 지역정보회의 사무국에서 8년간 근무했다. 이 조직은 2004년 8월 29일 도쿄전력 사건(후쿠시마 제1, 제2, 가시와자키柏崎 가리와刈羽 원전에서 29건의 사고를 도쿄전력이 조작했을 가능성이 있다고 원자력안전·보안원이 발표)을 계기로 정보 공지와 투명성을 높이기 위해 설치된 조직이다. 그러나 사고가 난 지금, 오랜 기간에 걸친 수고는 무엇을 위한 것이었느냐며 한탄한다. '정작 원전이 들어서 있는 마을에는 정보가 오지 않는다. 도쿄전력은 지역에 대해 김 빼기로만 대했던 것은 아니었는가'라고도 한다. 원전과 자치단체, 이 두 관계에 관한 시라토 씨의 이야기는 흥미롭다.

그런데 쓰나미가 미야기 현 오나가와초를 덮쳤을 때 오나가와 원전은 중유 탱크에 손상은 입었지만, 후쿠시마 제1원전과 같은 사태는 일어나지 않았다. 왜일까. 또 오나가와 원전 안에서는 아직도 쓰나미 이재민이 생활하고 있다. 보안이 엄중한 원전에서 이와 같은 일이 어찌 가능한가. 이에 대해 당연히 취재할 필요가 있어 우리는 4월 28일에 오나가와 원전으로 향했다. 나는 처음으로 원전 안으로 들어갔다. 이에 관해서는 다른 '직언'에서 전하겠다.

제 4 장

'도모다치TOMODACHI' 작전

—직언, 2011년 5월 9일

5월 3일에 후쿠오카 현 오무타大牟 시에서 헌법기념일 강연을 했다. 다음 날 저녁부터 트위터와 인터넷 게시판은 나에 대한 비판의 목소리로 들끓었다. '피해자의 한 사람으로서 그 발언은 용서할 수 없다'는 메일도 왔다. 모든 메일은 《마이니치신문》 오무타 석간에 실린 기사를 인용했다. 기사에는 내 강의를 몇 줄로 요약해 "미군은 시신 수색과 동시에 상륙 작전을 연습하는 것은 아닌가. 도모다치TOMODACHI〔친구라는 의미〕 작전을 '미·일 동맹강화'라고 한다면 '다음은 자위대가 미군을 도울 차례'라는 논의가 생긴다"고 발언했다고 씌어 있었다. 메일에는 '유족의 마음을 짓밟았다. 상상력이 없는 사람이 학문하다니. 대학교수의 직함을 버려라'라는 비판하는 말이 이어졌다.

그날의 강의는 헌법과 미·일 안보 및 오키나와 문제를 다양한 각도에서 논하며 동일본대지진 현장 보고를 더한 것이었다. 기자는 이것들을 짧은 몇 마디로 짜깁기해 버렸다. 이것이 오해를 불러일으켰다.

나는 '시신 수색과 동시에 상륙 작전을 연습했다'고는 말한 적이 없다. 이재민 구호와 시신 수색이라는 재해 주민에게 긴급하고 중요한 활동과 '작전' 전체를 미군이 어떻게 인식하고 있는가는 따로 논해야 한다고 말했다. '도모다치 작전' 전체가 개별적인 구조 활동의 감동과 적극적인 시신 수색 활동을 뛰어넘어 미·일 군사협력을 강화시키는 쪽으로 활용되는 문제점을 지적한 것이다. 이것은《마이니치신문》4월 22일자 특집 '자위대 10만 명 사상 최대의 작전'의 아래글을 염두에 둔 것이었다.

> 재해 구조를 목적으로 1만 6천 명을 투입한 미군의 '도모다치 작전'. 유례없는 규모의 전개는 자위대-미군의 통합 운용과 민간공항 및 항만의 미군 사용으로 이어졌다. 그 실태는 '유사대응시뮬레이션'이라 할 수 있었다. [···] 외무성 간부는 '작전의 성질은 다르지만, 민간 시설 이용과 상륙 등 실질적으로는 한반도의 유사 시를 가정한 훈련이었다'고 지적했다

강연에서는 '한반도의 유사 시를 가정한 훈련'이라는 외무성 간부의 말을 소개했다. 항의 메일을 보낸 분들에게는 도모다치 작전의 배경에 깔린 생생한 미·일 관계의 현실을 말한 것이라고 해명의 메일을 보냈다(모두 익명으로 보내 왔지만 메일 주소는 숨길 수 없었

으므로 답장을 보낼 수 있었다).

도모다치 작전이 신속히 전개된 배경에는 하토야마 내각 이후의 '미·일 동맹의 불안전성'이 분명히 있다. 케빈 메어 미 국무부 일본 부장이 '오키나와는 협박의 달인'이라고 발언하여 오키나와 현 의회가 만장일치로 항의결의를 올린 것이 3월 8일. 이틀 뒤 캠벨 미 국무부 차관보가 마쓰모토 다케아키松本剛明 외무부 장관에게 사죄했다. 24시간 뒤 대지진 재해가 일어났다. 도모다치 작전의 배후에는 메어 발언으로 고심하던 루스 주일대사의 민첩한 움직임이 있었던 것으로 보인다. '대통령을 깨워라.' 취침 중인 오바마 대통령에게 보낸 주일대사의 제1보로 초동대응이 정해졌다(《요미우리신문》 4월 13일자).

미 제7함대의 원자력항공모함 '로널드 레이건'을 중심으로 항공모함 전투기가 미야자키 앞바다에 전개되었다. 미국은 함정 17척, 인원 1만 8천 명, 항공기 140기를 집결시켰다. 미 원자력규제위원회(NBR)의 기준에 따라 미군의 활동은 후쿠시마 원전에서 80킬로미터 이상 떨어진 지역에서 이루어졌다. 따라서 미야자키 현과 이와테 현이 중심지였다. 미군은 극히 일부를 제외하고 후쿠시마에서는 활동을 전개하지 않았다. 미군 병사에게는 위험이 미치지 않도록 철저히 방사능 관리를 했다. 일본 주둔 미군 병사 가족 7,500명을 귀국시키고 요코스카横須賀를 근거지로 한 원자력 항공모함 '조지 워싱턴'을 동해에 주둔시킨 것을 보더라도 '후쿠시마'는 도모다치 작전에 그림자를 드리웠다.

〈사진 8〉의 위의 것은 '조지 워싱턴'(CVN73) 제70임무부대

(CTF-70)의 휘장이고 그 아래는 항공부대인 제5항공모함 항공단의 휘장이다. 미국이 일본 주둔 미 해군의 주력 부대인 이 두 부대를 온존시킨 것은 방사능 위험을 피하고 대지진 재해와중에도 'First to Fight'를 유지할 필요가 있었기 때문일 것이다.

사진 8

미야자키 현을 중심으로 펼쳐진 미군의 활동 중 특히 센다이 공항의 복구 작업이 눈에 띄었다. 미 공군특수부대의 요란한 강하 작전을 시작으로 일본도 '경이롭다'고 할 정도로 빨리 복구가 진행되었다고 한다. 미군은 센다이 공항을 '캠프 센다이'로 불렀다(《마이니치신문》, 4월 5일자). 이것은 엄청난 일이다. 지금까지 미군은 민간공항을 자유롭게 사용할 수 없었으나 센다이 공항은 도모다치 작전으로 길이 열린 셈이다.

고립된 게센누마-오시마의 구조 활동도 미디어의 주목을 받았다. 미군은 고립된 오시마에서 LCU(상륙용 주정)를 사용하여 도호쿠전력의 전원 공급 차량을 상륙시켜 섬의 구조와 복구에 기여했다(《요미우리신문》, 4월 4일자). 주민이 미군에게 감사의 마음을 갖는 것은 당연하다. 이러한 구조 활동 그 자체는 주민을 위한 것이고 높이 평가할 만하다. 또 JR 센다이선 노바라 역과 리쿠젠오노 역에서는 미군과 자위대가 공동으로 잔해를 제거하며 '소울(魂)의 트레인' 작전이라 자칭했다. 미디어는 이런 '추상적'이고 그림이 되는 장면을 자세히 보도하고 '미·일 동맹 미담'을 조성했다.

미 해병 방사능대응전문부대 CBIRF도 145명을 파견했지만 삼주일간 체재만 하고 아무런 활동 없이 귀국했다. NBR 기준에 따라 후쿠시마에서 80킬로미터 범위 밖 활동으로 제한되었기 때문에 원전에서 떨어져 '대기'만 했다. 중앙 특수무기 방호대(중특방)와 공동 훈련을 잠깐 하는 정도였다. 그것도 방사능 유출 사건 현장에서 인명 구조와 신체의 묻은 방사성 물질을 씻어내는 제염 훈련이었다. CBIRF는 원전 사고 대처 부대는 아니었다. 그러나 미디어는 '핵전쟁을 가정한 훈련을 쌓은 특수부대'로 과대평가하였다.

도모다치 작전에서 가장 큰 문제는 무력공격 사태인 '유사 시' 메커니즘을 대지진 재해에서 '시험 사용'한 점이다.

자위대의 '재해통합임무부대'(JTF-TH)와 함께 미군은 요코타橫田 기지에 '통합지원부대'(JSF)를 설치하였다. 육해공군과 해병대로 이루어진 미 4군 전체를 지휘한 첫 케이스였다. 그 자리에 육상막료감부〔육군참모본부 격〕의 방위부장(육장보陸將補)가 상주한 점은 중요하다. 미·일 방위 협력의 지휘(지침)에 기초한 미·일 조정 메커니즘을 재해에서 전면적으로 '시험'한 것이다. '유사급 작전 조정 일체'라는 이유가 여기에 있다(《아사히신문》, 4월 7일자).

《주간포스트》 4월 29일호는 〈미군의 '도모다치 작전'의 대가는 '우정의 청구서'〉라는 기사를 실었다. 이것은 상당히 현실적인 인식을 드러낸 것이다. 예컨대 4월 1-3일 이와테 연안에서 시행된 미·일 공동 작적(일제 시신수색)에 참가한 해상 자위대원의 발언은 중요하다. '미군은 항공모함에서 함재기와 헬기를 띄우기만 하고 잠수해서 실종자를 수색하는 작업은 자위대와 수중 처리반, 해안보안대, 소방대원, 경찰 잠수부가 도맡았다. 쓰나미 발생 후 3주일이 지났기 때문에 헬기 수색은 거의 의미가 없었다.' 항공모함까지 동원하여 대 작전을 전개한 미군의 목적은 과연 시신 수색을 위한 것인가.

'도모다치(친구)'라는 낯간지러운 말을 사용한 것 자체가 오키나와 기지 문제로 뒤틀린 미·일 관계가 배경에 있음을 시사한다. 오시마大島에 상륙한 부대는 오키나와 제31해병 원정군으로 문제의 후텐마普天間 기지 부대이다. 현장에서 미군들이 이재민을 위해 열심히 또 성실히 협력한 것은 의심의 여지가 없다. 그만큼 시민의 감사하는 마음도 깊을 것이다. 그러나 미군 상층부가 '후텐마 비행장의 지리적 우위성'과 해병대의 존재 의의를 선전한 셈이 되어 오키나와 미디어의 악평을 샀다.

《류큐신보》 3월 18일자는 '심히 불쾌하다'고 하고 "재해 지역에서 멀리 떨어진 후텐마 기지가 왜 중요한가. 지진 발생 3일 후에 출동하면서 '즉시 반응'이라니 말이 안 된다"고 가차 없이 비판했다. 《오키나와 타임스》 4월 9일자는 해병대의 재해 구조 활동을 오키나와 기지와 해병대 존속으로 연결짓는 논의에 대해 '재해의 정치적 이용'이라 비판한다.

《도쿄신문》 5월 2일자 사설 〈미·일 관계를 진실한 친구로—대지진 재해와 미군 지원〉은 도모다치 작전을 차가운 시선으로 바라보고 있다. 사설에서는 유사 시의 사령부를 재해에서 전개시키고

'HUKUSHIMA'의 피해를 미국으로 파급시키지 않으려는 '방위' 작전, 그리고 일본을 경제 대국의 지위에서 전락시키지 않는 경제적 목적을 지적했다. '군대는 외교의 도구로 사용된다. 그리고 외교는 순수한 선의만으로 성립되지도 않는다. 지금까지 보아 온 것처럼 도모다치 작전은 미국의 이익에 직결되어 있다'고 논하였다.

또한《도쿄신문》사설은 '배려 예산'에 주목한다. 미 정부가 도모다치 작전을 위해 준비한 예산은 최대 8천만 달러(65억 엔)이다. 한편 일본은 이 '배려 예산'에 관한 새로운 특별 협정을 4월 1일에 발효했다. 이것이 그 유명한 '마에하라 외무부 장관'의 고별 선물로 일본은 매년 1,881억 엔을 5년간 부담하게 된다. 미국의 도모다치 작전 65억 엔이 1조 엔의 '우정의 대가'(《주간포스터》)인 셈이다.

《도쿄신문》사설은 '부담을 조금이라도 덜기 위해 노력하는 것이 진짜 우정이다'고 논하지만, '영합과 헤아림'의 미·일 관계 구조는 그리 변하지 않을 것 같다(졸저,《미·일 안보 Q&A—'후텐마 문제'를 생각하기 위해》, 이와나미북렛, 2010년 참조).

《아사히신문》5월 4일자는 '위키리스크 공용 전보 7천 점을 본사가 분석'을 제1면 머리기사로 전하며 미군이 괌 이전 경비를 부풀리고 일본의 부담률을 낮게 꾸몄다고 밝혔다. 미국의 속셈과 타산을 보지 못한 채 도모다치 작전을 미군의 순수한 지원이라며 멍하니 손뼉만 치고 '미·일 동맹이 변화했다'고 보는 것에는 신중해야 한다.

냉전 후 군대는 방위군에서 개입군으로 성격이 바뀌고 있다.

NATO나 미·일 안보조약도 방위에서 개입으로 방향이 굳어지고 있다. 내정간섭과 개입의 예로는 코소보에서의 '인권 간섭'(인도적 개입), 리비아에서의 '내전 간섭'이 있다. 그리고 2010년 1월 중미 아이티 대지진에서 보인 미군의 움직임은 도를 넘어 그야말로 '지진 간섭'으로 불릴 정도였다.

미국은 1만 2천 명의 군대를 파견하고 공항에서 항만까지 전략 시설을 완전히 통제하였다. 이것은 지진에 따른 아이티의 혼란이 미국에 미치지 않도록 미리 방지하기 위한 예방적 점령의 성격을 띠었다. 미군의 통제 결과 지진 발생 후 일주일이라는 가장 중요한 시기에 미군은 부상자 구조를 위한 의료 지원 비행기를 되돌려 보냈다. 독일의 군대 연구소는 '개입이라는 구실의 대재해'로 아이티 대지진을 분석한다.

재해 지역의 사람들에게 미군은 얼굴이 보이는 거리에서 도와준 존재였을 것이다. 거기서 인간 관계가 생기는 것을 부정하지 않는다. 그러나 거대한 미군이라는 조직에서 보았을 때 이것은 명백한 미국의 속셈과 이익하에서 움직인 것이다. 이 점을 현실적으로 생각해야 한다.

이번 원전 사고 시 수상 저택에 미군 관계자가 상주하려고 했다(《아사히신문》, 4월 21일자). 미국도 우왕좌왕하는 간 내각을 보고만 있을 수는 없었을 테지만 만약 실현했다면 초유의 '원전 재해 간섭'이 되었을 것이다.

제 5 장

피난소가 된 오나가와 원전

—직언, 2011년 5월 16일

미나미소마에서 6번 국도를 따라가니 해변의 풍경이 일변했다. 일본 백경 중 하나인 마쓰가와우라松川浦 일대는 토사와 잔해로 뒤덮여 있었다. 대교의 양쪽 도로도 붕괴됐다. 여기는 '백사청송 100선'에도 뽑힐 정도로 풍경이 맑고 아름답기로 유명한 곳이다. '정말 아름다웠었는데'라며 28일에 동행한 후지노 미츠코藤野美都子 씨(후쿠시마 현립 의과대학 교수)가 한숨을 쉬었다. 안내해 준 시라도 쇼이치白土正一 씨는 시종 말이 없었다.

야마모토초山元町를 지나 와타리초亘理町에서 센다이 동부로 올라갔다. 이 도로의 서쪽과 동쪽(차에서 보면 좌우)은 풍경이 전혀 다르다. 특히 센다이시 와카바야시 구若林区 풍경의 큰 격차에 놀랐다. 센다이 동부 도로는 5-8미터 정도 높아서 쓰나미 방파제 역할을 제대로 하였다. 쓰나미가 지하도로 밀려와 서쪽은 피해를 당하기도 했지만 이 도로 덕분에 피해가 상당히 줄어든 것은 확실하다.

실은 이번 재해가 일어나기 전에 센다이 동부 도로를 '쓰나미 일시 대피소'로 지정하기 위한 1만 5천 명의 서명이 구청과 'NEXCO 동일본'에 제출된 상태였다. 주민들은 도로가 대피소로 지정되었다면 구조된 사람이 더 있었을 것이라고 분통해한다(《마이니치신문》, 4월 8일자). 도로 관리자의 입장에서는 자동차 전용 도로에 주민이 올라오면 안전에 문제가 있다고 생각할 것이다. 그러나 좀더 넓은 시야에서 주민의 요구를 받아들였더라면 하고 생각하니 안타깝기 그지없다.

산리쿠 자동차 도로를 타고 이시마키 시에 들어간다. 도로의 한 차선만으로 왕복 통행해야 했기에 곳곳에서 정체가 일어났다. 눈 닿는 곳마다 쓰나미의 엄청난 파괴력에 숨을 죽인다. 이시마키 시립 가도와키門脇 초등학교. 화재로 검게 탄 학교 건물. '건강하게 자라자. 몸과 마음'이라는 타다 남은 간판이 눈을 시리게 한다. 부두에 다가가자 뭐라 말할 수 없는 악취가 코를 찌른다. 바닷새가 떼를 지어 선회한다.

예상은 했지만 그래도 여러 곳에서 '일차선 도로'로 심한 체증을 겪었다. 쓰나미가 몰려온 곳과 아닌 곳의 격차가 너무나 심하여 놀랐다. 이시마키 나들목 근처 패밀리 레스토랑이 영업하고 있었다. 점심 때라서 거의 자리가 없었다. 회사원과 커플들이 너무나 일상적으로 점심을 즐기고 있다. 지금까지 보아 온 광경의 차이로 혼란스럽다. 그 전에 이시마키히비 신문사를 방문했는데 이에 대해서

사진 9

사진 10

사진 11

는 다음에 전하겠다.

이시마키 시에서 오나가와초로 가는 398번 국도는 여러 곳이 단절되어 우회해야 했다. 이곳에서도 한쪽 차선만 통행 가능한 탓에 정체가 길어져 시간이 많이 걸렸다. 국도와 지방도로의 번호도 내가 가지고 간 지도와 달랐고 상당히 혼란스러웠다. 출발하기 며칠 전에 산 지도 겉표지에는 "수익의 일부를 '동북 관동 대지진 재해'의 의연금으로 기부합니다"라는 스티커가 붙어 있지만, 도로의 번호가 다르다. 그러나 여기는 재난 지역. 시라도 씨의 감각과 운전 기술에 맡길 수밖에 없었다.

한번은 잔해 사이를 지나 전혀 다른 역 방향으로 갔다. 전기 공사를 하는 사람들에게 물었다. '원전? 이쪽 죽 가면 있었는데'라고 가르쳐 주었다. 그러나 한동안 가도 전혀 나오지 않는다. 시라토 씨는 현역 때 오나가와 원전에 한 번 가 본이 있었고 바다를 왼쪽에서 보면서 달린 기억이 있다고 한다. 맞은편에서 공사 차량이 왔다. 오키나와 번호판이었다. 전국에서 협력단체가 온 듯하다. 유턴해서 되돌아가니 조금 전 길을 물었던 전기 공사 차량이 보였다. 다시 보니 삿포로 번호판이었다.

'오시카 코발트 라인'은 통행금지여서 일단 오나가와 항으로 돌아가 41번 해안선을 타고 들어갔다. 도로 상태는 상당히 좋지 않았다. 집이 침수된 지역을 통과했다. 깨진 창문 너머 여기서 생활했음을 알려주는 물건들이 보였다. 뭐라 말할 수 없는 애처로움이 밀려왔다. 방재 방송 송신탑 꼭대기에 낚시 도구와 부표들이 걸려 있었다. 주위 나무들은 바닷물의 염분으로 말라버렸다. 이곳에 실제로

사진 12

서보니 쓰나미가 얼마나 거대한 것인지 실감할 수 있었다. 등골이 오싹해진다. 도중에 사슴을 만났다. 산에 먹이가 없어져 마을에 내려온 것일까.

도로는 말이 아니었지만 시라토 씨는 차분했다. 푹 파인 도로를 능숙하게 피하고 잔해가 쌓인 좁은 도로에서도 주저 없이 운전한다. 어두워지기 전에 도착하기 위해 꽤 속도를 올리는 때도 있었다. "피해 지역에서는 '야간 운전 금지'가 철칙입니다"라고 한다. 어느 신문기자가 밤중에 운전해서 렌터카를 고장 낸 일이 있었다고 한다.

시라도 씨는 나의 성격과 버릇을 알았는지 사진을 찍고 싶은 장소에 다가가면 내가 아무 말 하지 않아도 속도를 줄였다. 정말 훌륭했다. 절대로 무리하지 않으면서도 이때다 싶을 때는 급회전을 해서라도 셔터를 누를 기회를 준다. '오랫동안 리스크 관리를 해 왔기 때문에 내 임무는 선생님에게 피해가 안 가면서 제대로 재해를 기록하게 도와드리는 것입니다.' 그의 프로 정신에 그저 감사할 따름이다.

15시 40분. 예정보다 시간은 걸렸지만, 도호쿠전력 오나가와 원자력발전소 정문에 도착했다. 시라도 씨는 경비소에서 수속 담당자와 열심히 교섭해 주었다. 앞에서 언급했듯이 시라도 씨는 후쿠시마 제1원전이 있는 도미오카초의 생활환경 과장(원전도 담당)으로 작년에 정년퇴임을 맞이한 분이지만 현재 주소는 고리야마시의 '빅 팔레트 후쿠시마'(도미오카초 가와치무라川内村의 피난소)이다. 후쿠시마 현 원자력발전소 소재 마을 정보 회의 사무국을 8년이나 하셨으므로 후쿠시마 제1·제2 원전과 오나가와 원전의 소장급과도 아는 사이였다. 그런 사정을 수속창구에서 설명하고 도쿄에서 온 대학교 교수를 안내하고 싶다고 열심히 설명했다. 어떻게 얘기가 통했는지, 소장이 외출 중이라 한동안 기다리기는 했지만, 대접이 달랐다.

정문 경비소로 차가 마중 나와 원전 내의 사무실 건물로 안내해 주었다. 소장 대리와 부소장이 현관에서 맞이했다. 회의실로 안내되어 들어가니 녹차와 설명 자료, 프로젝터가 준비되어 있다.

설명 자료의 제목은 '동일본대지진으로 인한 오나가와 원자력발전소의 상황'이었고 우리가 도착한 4월 28일을 기준으로 작성되어 있었다. 보도를 통해 대충은 알고 있었지만, 소장 대리의 설명에서 오나가와 원전과 후쿠시마 제1원전의 차이가 여러모로 보였다.

소장 대리의 설명에 따르면 오나가와 원전의 부지는 높이가 14.8미터. 지진으로 지면이 약 1미터 내려앉았고 거기에 13미터의 쓰나미가 덮쳤다. 80센티미터밖에 여유가 없었기 때문에 1호기의 옥외 중유 탱크가 쓰나미에 쓰러져 2호기의 원자로 보조 냉각수계인 B계가 침수되었지만, 후쿠시마 제1원전과 같은 피해로 이어지지는 않았다고 한다.

나는 오나가와 원전은 어째서 높은 쓰나미를 예상할 수 있었는지를 물었다. 소장 대리는 오나가와 원전의 부지 높이는 쓰나미가 많은 산리쿠의 역사에 입각한 것이라 한다. 도호쿠전력이 도쿄전력보다 과거 쓰나미 경험을 훨씬 중요하게 여겼다고 했다.

그렇다고는 하더라도 도쿄전력의 후쿠시마 제1원전과는 대조적이다. 최근 보도에 따르면 15미터의 거대 쓰나미가 덮친 후쿠시마 제1원전은 입지 장소가 40년 전에 해발 35미터의 대지였다고 한다. 도쿄전력이 원전을 건설할 당시의 정부 제출 자료에 기록이 남아 있었다고 한다(《도쿄신문》, 5월 5일자). 이 내용은 '후쿠시마 제1원전 35미터 고지대에 계획, 쓰나미를 경시하여 25미터 깎고 건설'이라는 제목의 1면 머리기사로 다루어졌다. 높이가 확보되었는데도 일부러 깎은 이유는 무엇인가. 이유는 두 가지. 첫째, 지진을 견디기 위해서는 25미터 아래에 있는 비교적 단단한 진흙 암석층까지 파 내려가야 한다고 판단했기 때문이다. 둘째, 원자로 냉각수인 해수의 용이한 취급을 위해서였다. 쓰나미는 전혀 고려하지 않았던 것이다. 이것이 이번 비극을 초래했다고 생각한다.

《도쿄신문》에 따르면 후쿠시마 제1원전의 계획 단계부터 관여한 도쿄전력의 전 부사장(87세)은 효율을 우선시한 것을 후회하고 '지금 돌이켜보면, 대지를 깎지 않고 건물 기초를 이탄층까지 깊게 묻었다면 지진과 쓰나미를 모두 대비했을지 모른다'고 말했다 한다.

소장 대리도 말하듯 과거의 쓰나미 역사와 경험을 어디까지 중시했는가로 판단의 차이가 난 것이다. 시라도 씨는 소감에서 도호쿠전력은 도쿄전력보다 다양한 면에서 지역을 중시했다고 말했다. 재난 당일 3월 11일 피난 주민에 대한 대응으로써 도호쿠전력이 지녁을 중시했다는 것을 알수 있다.

지진과 쓰나미로 도로가 단절된 요나가와초 이고하마구飯子浜区와 고야도리小屋取·쓰카하마塚浜 지역의 주민은 마을 중심부로 가지 못해 반대 방향인 원전으로 이동했다. 그리고 원전 1킬로미터 앞에 있는 '오나가와 원자력 PR센터' 주변에 모이기 시작했다. PR센터는 전원이 끊어져 조명도 난방도 들어오지 않았다. 주위는 어두워지고 눈도 내리기 시작했다. PR센터 주변의 상황을 보고 받은 와타베 다카오渡部孝男 소장은 그 자리에서 피난 주민을 받아들이기로 결단 내렸다고 한다. 즉시 원전의 순환버스가 PR센터로 가서 모인 사람들을 태우고 발전소 안 체육관에 수용했다. 체육관에는 난방과 조명도 들어왔고 피난 주민은 음료와 비상식을 받았다.

우리에게 배부된 자료 6페이지에는 '발전소 주변의 피난 상황' 기록과 '쓰나미로 고립된 피난 주민을 인도적인 조치에서 발전소 안으로 받아들였다. 현재 발전소 안 이재민은 약 150명(최대 360명)'이라고 나와 있었다.

나는 이 결단 과정을 질문했다. 소장 대리는 '신분 확인은 없이 원전 안으로 받아들이고 나중에 구청장에게서 명부를 받기로 했습니다'라고 했다. 이것을 들은 시라도 씨는 놀란 표정을 지었다. 원전에 들어가기 위해서는 우선 신청서를 작성하고 신분 증명을 확실히 하는 것이 대전제이다. 그런 확인 절차 없이 원전 안으로 주민을 들인 것을 두고 시라도 씨는 '그것이 뛰어난 결단이었네요'라고 했다. 그러자 소장 대리는 '평소에 지역주민의 얼굴은 모두 알고 있어서 〔신분확인은〕 필요 없었습니다'고 대답했다.

나는 이런 결단을 내리기 전에 왜 사전에 본사에 허가를 받지

않았느냐고 물으려 했지만, 소장 대리과 부사장 모두 '흠뻑 젖은 주민을 되돌려 보낼 수는 없었습니다. 임산부도 있었습니다. 인도적인 차원에서 그자리에서 소장이 결단 내렸습니다'라고 자연스레 설명했다. 나중에 시라토 씨에게 물으니 같은 생각이었다. '도쿄전력에서는 결코 있을 수 없는 일입니다. 도호쿠전력은 그만큼 지역에 뿌리내려 있다는 증거겠지요.' 본사도 현장의 판단을 '인도적 차원'에서 추후에 인정한 것이다.

그런데 우리가 오나가와 원전 입구에서 절차를 밟는 동안 마침 피난 주민이 손에 짐을 들고 들어오고 있었다. 5, 6세 어린이도 있었다. 가족끼리 장을 보고 집으로 돌아오는 분위기였다. 경비소 옆에는 흰색과 붉은색이 칠해진 버스가 서 있었고(사진 13), 사람이 모이면 체육관까지 태워간다.

궁금한 것이 있었는데, 《주간 프라이데이》 4월 22일호 특집 〈목숨보다 전력인가?〉라는 기사 첫머리에 있던 '설마! 원전에서 생활하는 피해 주민'이라는 글귀 때문이다. '한 달이 넘도록 왜 아이들과 많은 사람이 아직도 원전에 있는가?', '피폭의 영향을 받기 쉬운 유아도 있다'고 기사에 씌어 있었다. 그러나 지금 실제로 원전 안에서 보고 들어보니 신문기사와는 조금 다른 인상을 받게 되었다.

먼저 '피폭의 영향'이라는 점에 관해 소장 대리는 오나가와 원전

자체의 방사선량은 적고, 또 후쿠시마 제1원전 사고의 영향도 적다고 한다. 설명 자료에는 후쿠시마 제1원전 사고 전후의 관측 수치가 나와 있었다(우리가 방문하기 직전인 4월 26일에는 0.26마이크로시버트).

시라도 씨는 3, 4년 전에 후쿠시마 현 원자력발전소 소관 마을 정보회의 관계자들과 오나가와 원전을 시찰했을 때 세계 각국의 원전과 일본의 원전 방사선량을 비교한 순위표를 보았다고 한다. 그 순위표에서 오나가와 원전은 세계에서도 세 번째로 방사선량이 낮았다고 한다. 시라토 씨는 후쿠시마 현과 원자력안전·보안원, 오나가와 원전을 소관하는 노동기준감독서도 이 순위표를 갖고 있을 것이라 하지만, 나는 그 표를 보지 않았기 때문에 단언할 수는 없다. 다만 오나가와 원전을 '피난소'로 삼은 피난 주민에게 피폭의 위험성을 애써 지적하는 것은 타당하지 않다고 본다.

다음으로 지진 발생 후 시일이 상당히 지났는데 왜 원전에서 나오지 않는가에 관해 사실은 원전 입구에서 수속을 기다리는 동안 한 가족에게 질문하려고 했지만, 수속 전이라 담당자에게 나쁜 인상을 주면 안 되겠다 싶어 일부러 하지 않았다. 신문에는 원전 안으로 피난한 피난 주민의 목소리가 '갈 곳이 없다', '튼튼하게 지어져서 안전하다고 들었다', '집도 가까워서 얼마 동안은 여기서 지내고 싶다'라고 보도되었다(《산케이신문》, 3월27일자). 오나가와 원전의 주변 지역은 도로사정이 나쁘고 시내 중심부로 가기에도 거리가 멀었다. 이런 이유로 원전 안에 머무는 것은 아닐까.

마치고 나오는 길에 건물 현관에서 마침 외근에서 돌아온 와타베 소장과 만났다. 소장은 시라도 씨를 빨리 알아보고 '오랜만입니다'라며 이야기를 시작했다. 소장은 미나미소마 출신이라며 후쿠시마 사투리로 이야기를 나누었다.

소장과 관계자들의 배웅을 받으며 원전을 뒤로했다. 차 안에서 시라토 씨는 "내 경험상 도쿄전력은 도쿄의 전기를 후쿠시마에서 만들기 때문에 마을 이장이나 상공회장과는 교류가 있어도 주민과는 교류가 많지 않습니다. 오나가와 원전에 가 보면 도호쿠전력은 지역에 뿌리내려 있는 인상을 받습니다. 이런 배경이 있으니 재난이라는 비상시에 그런 영단이 가능했나 봅니다"라고 말했다.

나 자신은 오나가와 원전을 포함해 탈원전을 주장하므로 원전의 미래에 관해서 시라도 씨와 미묘한 의견차이가 있다. 오나가와 원전도 종이 한 장 차이로 대참사가 일어나지는 않았지만, 결코 낙관할 수는 없다. 다만 원전 그 자체의 평가는 제쳐놓고 도호쿠전력 오나가와 원전이 취한 '인도적 조치'와 도쿄전력과는 다른 '지역 원전'이라는 인식, 주민을 대하는 평소의 자세가 극한 상황에서는 빛을 발했다는 점은 동의할 수 있었다.

제 6 장

이시마키와 오후나토
—재해 지역의 신문

—직언, 2011 년 5 월 23 일

오나가와 원전에서 다시 이시마키시로 향했다. 잔해 더미와 차량의 정체. 그중에서 나도 모르게 숨죽인 장소가 있었다. 산기슭의 묘지에 위에서는 지진으로 큰 바윗덩이가, 밑에서는 쓰나미로 차량과 잔해가 밀려온 곳이었다. 믿기 어려운 광경이다. 차 안에서 돌아가신 분도 있을 것이다. 묘지에는 여기저기에 봄꽃이 피어 있다. 아름다운 꽃과 너무나 잔혹한 풍경의 대비에 할 말을 잃고 그저 셔터만 눌렀다.

240번 지방도로변에서 '이시마키히비신문' 간판을 발견했다. 좁은 주차장에 주차했다. 이시마키히비신문은 1912년에 창간한 지역 신문으로 지진과 쓰나미로 사옥이 피해를 입었다. 1층은 마루 위

사진 14

침수를 당해 윤전기가 돌아가지 않았다. 그래서 즉시 인쇄용 롤지에 유성 펜으로 쓴 벽신문을 발행하고 피난소에 붙이기 시작했다. 이 작업을 재해 다음날부터 6일간 계속했다.

3월 22일자 《아사히신문》이 '신구 미디어 분투 중'이라는 제목으로 '미야자키에서는 벽신문과 라디오, 센다이에서는 트위터 구사'라는 기사에서 벽신문을 소개했다. 재해 주민은 '한 장뿐이지만 매일 빼놓지 않고 읽는다. 과연 지역신문이다. 정말 고맙다'고 말했다.

3월 25일자 《요미우리신문》도 32면 '24시 지역신문'의 한 페이지를 사용해 '6일간의 벽신문'이라는 제목으로 자세히 전했다.

'뉴지엄'(뉴스 종합박물관, 워싱턴) 직원이 《워싱턴포스트》지에 실린 벽신문 기사를 우연히 읽고 '고난을 극복하고 발행한 역사적인 지면'으로 평가하였다. 뉴지엄은 벽신문을 전시하기로 하고 이시마키히비신문사에 기증을 요청하였고 신문사는 이에 응하였다. (《아사히신문》, 4월 16일자 석간).

이 벽신문은 2005년에 허리케인 '카트리나'의 직격탄을 받은 루이지애나주 뉴올리언스에서 3일 후 인쇄를 재개하여 '지역신문과 사회의 끈을 보여 준' 미국 신문과 함께 '보도 역사에 새로운 한 페이지를 열었다'고 평가받는다. 뉴지엄 직원은 '전기, 수도, 가스도 없는 극한 상황에서 정보 전달을 이어간 그들은 저널리스트의 거울이다'고 말한다.

미국에도 알려진 《이시마키히비신문》. 사옥 2층 보도부를 방문했다. 가장 바쁜 석간신문의 시간대인데도 다케우치 히로시武內宏之 보도부장이 맞아 주었다. 보도부 안 화이트보드

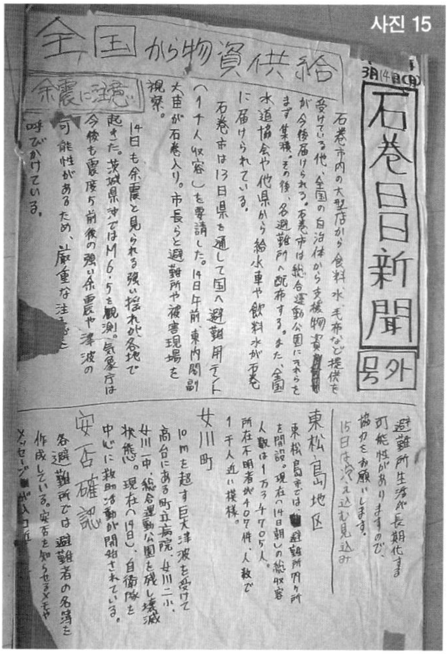

石巻日日新聞 号外
3月14日(月)

全国から物資供給

石巻市内の大型店から食料、水、毛布など提供を受けている他、全国の自治体から支援物資[illegible]が今後届けられる。石巻市は総合運動公園にそれらをまず集積。その後、各避難所へ配布する。また、全国水道協会や他県から給水車や飲料水が石巻に届けられている。

石巻市は13日県を通して国へ避難用テント（1千人収容）を要請した。14日午前、東内閣副大臣が石巻入り。市長らと避難所や被害現場を視察。

余震に注意

14日も余震と見られる強い揺れが各地で起きた。茨城県沖ではM6.5を観測。気象庁は今後も震度5前後の強い余震や津波の可能性があるため、厳重な注意を呼びかけている。

避難所生活が長期化する可能性がありますので、協力をお願いします。

15日は冷え込む見込み

東松島地区

東松島市では[illegible]避難所[illegible]ヶ所を開設。現在（14日朝）の総収容人数は1万[illegible]千705人。所在不明者が407件、人数で1千人近い模様。

女川町

10mを超す巨大津波を受けて高台にある町立病院、女川二小、女川一中、総合運動公園を残し壊滅状態。現在（14日）、自衛隊を中心に救助活動が開始されている。

安否確認

各避難所では避難者の名簿を作成している。安否を知らせるメモやメッセージ[illegible]が入口に[illegible]

ⓒ 이시마키히비 신문사

아래에 벽신문 뭉치가 아무렇게 놓여 있었다. 여기자가 벽신문을 마루에 펼쳐서 보여 줬는데 결코 잘 썼다 할 수 없는 글씨로 물자 공급 정보와 각지의 재해 상황이 적혀 있었다. 〈사진 15〉는 실제로 3월 14일 피난소에 붙여진 벽신문이다. 16일자에는 '전국 각지의 격려와 메시지'가 소개되었다. 지역신문의 벽신문은 제한된 정보라고는 하나 재해를 입은 사람들에게는 재난으로 인한 '비정상적'인 정신 상태에서 '일상'으로 복귀하기 위한 마음의 버팀목이 되었던 것 같다.

내가 벽신문의 사진을 찍고 있으니 다케우치 보도부장은 '이렇게 일이 커질 줄은 몰랐는데'라며 쑥스러워했다. 나는 그 점이 중요

하다고 본다.

윤전기도 돌아가지 않고 휴대폰도 터지지 않는다. 지금 무엇을 해야 할지 논의하여 기자들이 결론 내린 것은 현장을 취재하는 것, 그것을 기록하는 것이었다. 발로 뛰며 모은 정보를 손으로 써서 전달. '와판'(에도 시대 글과 그림을 새겨 기와처럼 구운 인쇄판. 지금의 신문에 해당된다)의 원점이다. 이 '당연한' 일이 좀처럼 되지 않는다. 그들이 한 것은 저널리스트의 원점이었다고 할 수 있다.

거기서 문뜩 떠오른 것이 있다. 1994년 8월 히로시마 현 미야지마에서 열린 일본 매스컴 문화정보 노조 회의(MIC) 연구회에 무노다케지 씨(1915년생, 전 아사히신문 기자)가 참석하셨다. 그때 무노 씨의 말이 기억에 선명하다. '저널'이란 항해 일지를 뜻한다. 항해 중에 일어난 일을 매일 담담하게 기록해야 한다. 그것을 하는 사람이 항해사, 즉 저널리스트이다. 마찬가지로 세상에서 매일 일어난 일을 기록하고 이어가는 것, 사회에서 신문과 신문기자의 일이란 그런 것이라고 했다.

저널리스트는 특종과 토픽을 좇아가기 쉽지만 사실 원점은 '나날의 기록'이 아닐까.

이시마키 시 후타바초의 사옥에는 3월 19일에 전기가 들어와 윤전기가 움직였고 우선은 '대지진 발생 후 일주일간'이라는 호외를 냈다. 다음날 20일에 드디어 《이시마키히비신문》이 부활했다. 지진 전에는 1만 4천 부를 발생했지만 지진 후에는 매일 7천 부를 발행하고 피난소 50곳에 무료로 배부하고 있다. 머리기사는 '모두 힘내자 미니 자치조직으로 생활 개선'이다. 공동체 재건을 위한 힘찬

메시지를 전면에 내세웠다. 지면 왼쪽 아래에 '독자 여러분께'라는 사고社告가 실렸다(사진 16).

> 동일본대지진으로 말미암은 정전으로 11일부터 18일까지 손글씨로 벽신문을 만들고 복사기를 이용해 일부 지역에 호외를 발행했습니다. 19일 오전에 전기가 들어와 19일부터 당분간 특별지면 2페이지를 발행하고 피난소에 우선 보내 드리겠습니다.

이번 취재에서는 이와테 현 오후나토 시大船渡市에도 갔다. 오후나토의 지인이 지역신문《도카이신보》스즈키 히데히코鈴木英彦 사장을 소개해 주고 싶다고 했다. 나는 동북 지역이 아니면서 '도카이'라는 이름을 붙인 신문을 처음 알게되었다. 지인의 안내로 먼저 고지대 도로에서 오후나토 시내를 촬영했다. 쓰나미가 어디까지 도달했는지 확실히 알 수 있었다. 말 그대로 '도로 하나로' 판가름 났다. 이 앵글은《도카이신보》3월 12일자 호외에 나온 사진과 같은 것이라 한다(사진 17).

오후나토의 바다 쪽 도로에서 더 올라간 고지대에《도카이신보》사옥이 있었다. 사장실에

사진 16

皆でがんばっぺぇな
石巻日日新聞
ミニ自治組織で生活改善
女川原発、安全に停止
避難所の赤井小学校
伝染病に注意
3月の授業打ち切り
読者の皆様へ
電気復旧 進む
2万6091世帯に通

© 이시마키히비 신문사

사진 17

사진 18

서 태평양이 잘 보였다. 스즈키 사장은 그 방에서 쓰나미가 밀려오는 것을 목격했다 한다.

《도카이신보》는 1985년 창간되어 오후나토 시를 중심으로 1만 7천 부를 발행했다. 그러나 많은 독자가 쓰나미로 사망하거나 실종되어 1만 1천 부까지 감소했다고 한다. 피난소에도 배부하고 있었다. 사장님께서 지진 후 발행한《도카이신보》를 모두 주셨다.

신문의 지면 구성은 쓰나미 직후부터 수색 활동이 중심이었다.

4월 11일자부터는 2페이지 전면을 사용해 '신분 미확인 시신 정보'를 게재하기 시작했다. 시신 안치소에 있는 시신의 번호와 특징을 실었다. 예를 들면 오후나토 제1중학교 10번 안치소는 '30~50대 여성, 키 150센티미터, 모자 달린 갈색 조끼, 검은색 바지, 갈색 스웨터, 자주색 내의, 갈색 양말, 검은색 힐, 배꼽 아래 수술 자국, 손목시계'로 상당히 자세히 설명되어 있다. 직접 가지 않아도 각 안치소에 있는 시신의 특징을 알 수 있었다. 가족을 찾는 사람들이 바로 알 만한 정보가 많이 포함되어 있었다(사진 18).

4월로 접어들자 복귀를 위한 구체적인 과제와 방책이 머리기사로 실렸다. '공공하수도 임시 복구', '임시주택에 높은 관심', '7월에 수도 복구', '게센누마 대교 9월 말 완성을 목표' 등등. 기간을 정한 목표가 생기면 사람들은 희망을 품을 수 있다. 그러나 이 나라의 정부는 국민이 신뢰할 만한 복구 지침을 주지 않는다.

임시주택 건설에도 이용자의 의사를 무시한 건설 '계획'을 어떻게 방지할 것인가. 미디어의 감시도 유효하다. 한신대지진 이후 니시노미야 시에 건설된 '고령자·장애인용 임시주택'은 10분 이상 걸어 올라가야 하는 급경사에 있었다. 애써 지어놓았지만 1년 반이나 입주자가 없었다고 한다. 동북 지역에서 같은 전철을 밟지 말아야 한다. 이를 위해서는 신문이 피해 주민의 목소리를 담으면서 복구 과정의 내용에 제대로 관여하는 것이 중요하다.

제 7 장

미나미산리쿠 · 게센누마 · 가마이시
—재해 지역의 자위대

—직언, 2011년 5월 30일

이번 직언에서는 동북 재해 지역 체재 중 직접 보고들은 자위대의 활동에 관해 전하려고 한다. 후쿠시마 현 고리야마 시의 피난소 '빅 팔레트 후쿠시마'에서 제1사단 제1후방지원연대(도쿄도 네리마구練馬区)의 지원 활동은 앞에서 언급했다.

미나미소마 시에서는 후쿠시마의 웅장한 소마노마오이(매년 7월에 옛 무장을 한 무사가 말을 타고 질주하는 후쿠시마의 축제이다. 일본 중요무형 민속문화재로 지정되어 있다) 행사장을 방문한 뒤 시청에서는 재해대책본부 회의 방청을 중간까지 허락받았다. 회의를 주도한 사쿠라이 가쓰노부桜井勝延 시장은 미국 《타임》지가 선정한 '세계에서 가장 영향력 있는 100명'에 들었다. 시장은 그날의 중점 항목과 관계 기관에서 온 전달사항을 주저 없이 처리했다. 화이트보드에는 4월 27일 현재 사망자 512명, 실종자 962명, 붕괴가옥 1,800채라고 적혀 있었다(참고로 5월 28일 현재의 사망자는 540명, 실종자는 220명이다, 《아사히신문》, 5월 29일자). 자위대 연락장교 3명도 회의에 참가했다.

이날 재해대책본부가 밝힌 미나미소마 시 관내의 자위대 활동은 다음과 같았다. 먼저 활동 인원은 총 1,731명. 주력 부대는 제1공수단(지바 현千葉県 나라시노 시習志野市)의 1,200명이다. 그다음이 제12여단(군마 현群馬県 소마가하라相馬原)의 예하 부대 449명. 제13보통과연대(나가노 현長野県 마쓰모토 시松本市) 제1, 2중대 161명, 제30보통과연대(니이가타 현新潟県 시바타 시新発田市) 제2, 3중대, 본부관리중대 합계 131명, 제12특과연대(도치기 현栃木県 우쓰노미야 시宇都宮市) 제1, 2중대 95명, 제12대 전차중대(같음) 21명, 제12고사특과중대(같음) 41명이다. 그 외 제9시설군(후쿠오카 현 오고리 시小郡市) 82명이 참가했다.

자위대의 임무 지역 배분과 임무를 보면 13보통연대와 12특과연대 등 30보통연대의 본영 중대를 제외한 모든 부대가 제13 보통과연대장의 지휘하에 미나미소마 시 가시마구鹿島区와 하라마치구原町区의 실종자를 수색하였다. 30보통연대의 본영중대 26명만 원전 20킬로미터 범위 내의 '잔류 주민 이송'을 담당하고 제9시설군은 원전 20-30킬로미터 범위 내에서 실종자를 수색했다.

이 지역에서 가장 많이 본 부대는 제1공수단의 차량과 대원이었다. 1,164명이 원전 20-30킬로미터 범위 내에서 실종자 수색 활동을 전개하고 나머지는 '피난소 방문·확인', '순회 진료의 유도'를 담당한 셈이다. 내가 직접 본 것은 하라마치구 오미大身에서 아카누마赤沼에 걸친 지역이다. 유격대원 휘장(혹독한 유격 훈련 과정 수료자에게 수여)을 두른 정예부대원이 15명씩 수색 활동 중이었다. '적'의 후방에 기습 낙하하여 파괴 활동을 전개하는, 전투 직종 중에서도 가장 공격이고 전투적인 부대도 여느 부대와 마찬가지로 실종자 수색이라는 수수한 수작업을 담담히 하고 있었다.

소마 시 마츠카와우라松川浦의 대교 부근에서는 제17보통과연대(야마구치 현山口県 야마구치 시山口市)부대가 붕괴한 가옥을 철거하고 있었다.

내가 갔을 때 미야기 현 이시마키 시내에서는 제44보통과연대(후쿠시마 시)가 실종자를 수색하고 있었다. 주장(흰색선) 두 줄의 헬멧을 쓴 중대장이 보통과 중대 깃발과 함께 포인트에 서서 중대 단위로 롤러 작업을 진행하고 있었다. 거대한 지역을 빠짐없이 수색하기 위해서는 인력이 필요하여 자위대는 부대 편제가 기본이므로 이것이 가능했다고 본다.

미나미산리쿠초에 들어가니 주로 제4특과연대(후쿠오카 현福岡県 구루메 시久留米市)와 제8특과연대(구마모토 현熊本県 구마모토 시熊本市), 제8시설대대(가고시마 현鹿児島県 사쓰마센다이 시薩摩川内市)가 임무 중이었다. 쓰나미로 파괴된 산리쿠 철도 미나미리아스 선. 중간역도 무참히 파괴되었다고 한다. 터널 부근에서는 실종자 수색을 하고 있었다. 수작업으로 토사 표면을 육안으로 찾고 있었는데 안쪽에 묻힌 시신을 발견하기는 어려울 것이다.

부두에서 가까운 도로에 제4통신대대(후쿠오카 현 가스가 시)의

사진 19

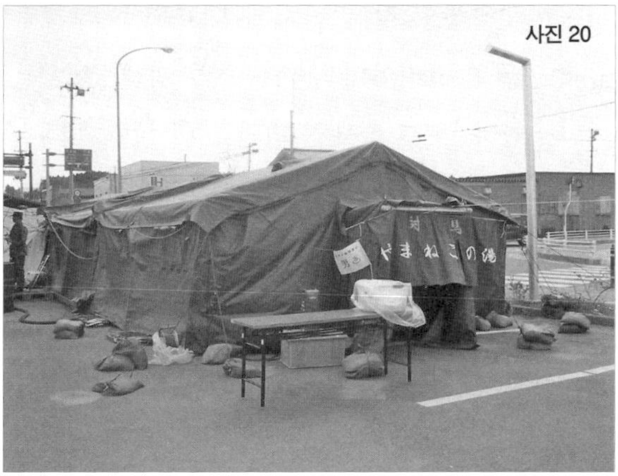

사진 20

위성 단일통신 가반국장치(JMRC-C4)가 탑재된 고기동 차량과 항법원조장치(JMRM-A2)를 실은 73식 트럭이 정차해 있었다. JMRC-C4는 X번드(마이크로파대역 8-12기가헤르츠)로 음성과 데이터 송신을 위성 중계한다. 광범위로 전개된 부대 간의 연락과 이동의 거점일 것이다. JMRM-A2는 항공기의 항법 지원에 사용되는 이동용 무지향성무선표식(NDB)이다. 미나미산리쿠초의 앞바다 부근에서는 헬기가 실종자 수색을 하고 있었는데 그 헬기의 항법을 지원하고 있었을 것이다.

자위대의 구성은 ① 전투 직종, ② 전투 지원 직종(시설, 통신 등), ③ 후방 지원 직종(보급, 위생·의료 등)으로 이루어진다. '전투 지원 직종'인 통신부대는 이번 대지진처럼 피해 지역이 연안을 낀 광대한 지역에서 항공기를 다수 사용할 때 위력을 발휘했다.

'후방 지원 직종'은 급식에서 급수와 입욕까지 다양한 활동을 한다. 입욕 지원은 한신·아와지 대지진에서도 주목받았는데 이번 지진재해에서도 각 피난소에 대규모로 설치되었다. 내가 본 것은 앞서 언급한 고리야마의 피난소와 게센누마 시 모토요시초本吉町의 피난소였다. 모토요시초 피난소에서는 제4후방지원연대(후쿠오카 현 가스가 시春日市)가 천막과 야외입욕세트 2형으로 입욕을 지원하고 있었다. 입구에 '쓰시마 야마네코 온천'이라는 포렴이 걸려 있었고 그 시간대는 '남탕'임을 알리는 간판도 붙어 있었다. 근처에 있던 3등 부사관에게 물으니 천연기념물인 쓰시마 야마네코를 모델로 한 것으로 하루 평균 500명의 입욕을 지원하고 있다고 한다.

텐트 안에는 입구 가까이에 탈의소가 있고, 안쪽에 씻는 곳과 푸른색 간이 욕조가 있었다. 방향성 강한 입욕제의 냄새가 자욱했고 금속제 세면기, 샴푸와 린스 등 각종 입욕 제품도 갖춰져 있었다. 세세한 배려를 엿볼 수 있었다.

육상자위대의 시설과 부대가 소유한 장비는 특히 재난 시 다양한 기능을 한다. 예컨대 유압굴착기는 시설과 부대에 장비되어, '엄

사진 21

사진 22

체(적의 탄환으로부터 아군을 사수하고 보호하기 위한 토호 등의 설비)와 엄호를 파고 토사를 적재하는 작업에 사용되는 장비'(《자위대 장비 연감 2010-2011》, 아사구모신문사)로 사용된다. 이 굴착기가 국도를 천천히 달리므로 정체가 일어난다. 이를 자위대가 교통정리하였다. 한신·아와지 대지진 후의 법률 개정(재해대책기본법, 7장 2조)으로, 재해 시 일어나는 교통 규제 등을, 경찰관이 그 자리에 없으면 자위대가 대신할할 수 있게 되었다.

각지에서 장륜식 버킷로더bucket loader가 활약했다. 토사의 적재와 땅 파기, 흙 나르기, 땅 고르기 등에 가장 널리 사용되는 토목중기라 할 수 있다. 이와테 현 가마이 시 시내에서는 제21보통과연대(아키타 현秋田県 아키타 시秋田市)가 제설차(멀티블레이드식)까지 투입하여 잔해를 철거하고 있었다.

이러한 시설과 부대의 공사기재는 지뢰 부설이나 지뢰원 제거 등 군사 목적으로 정비된 것으로 처음에는 단순한 '전용轉用'으로 시작하여 점차 재해 파견 임무에 적합한 장비로 인식을 넓힌 것이리라.

자위대 부대는 '자기 완결성'을 장점으로 여긴다. 대부대의 원활한 전개를 위해서도 활동 거점의 확보는 중요하다. 국도에서 가깝고 비교적 넓은 장소가 거점이 된다. 내가 목격한 가장 큰 부대 거점은 이시마키 시의 히라타平田 종합운동공원이었다. 이곳에 제7후방지원연대(홋카이도 치토세 시千歲)의 부대 거점이 있었다. 야영 천막(6인용)이 60개 이상 있었고 차량도 40대는 족히 된다. 제7사단은 홋카이도 히가시치토세東千歲에 사령부를 둔 일본 유일의 기갑사단이다. 전차를 비롯해 보통과연대도 모두 자동차화되었다. 후방지원연대임에도 차량 수가 눈에 띄게 많다. 가마이시 주변에서 이 부대의 차량을 자주 볼 수 있어서 부대 거점에 집결해 있는 차량까지 포함하면 그 수를 짐작할 수 있을 것이다.

자위대의 장비 구성은 화기·탄약, 차량, 시설기재, 항공기, 통신·전자기재, 군수품·화학·위생기자재 등 여섯 분야이다. 재해 파견 시에는 무기를 소지할 수 없으므로 화기와 탄약을 제외한 나머지 장비를 재해 파견의 목적에 맞도록 사용한다. 그런 점에서 앞서 언급한 전투직종부대도 재해 파견 시에는 '인명구조 시스템' 1형과 2형

사진 23

이 정비되었다. 붕괴 가옥에 갇힌 피해자를 수색하고 구조하기에 유효한 에어잭, 엔진절단기, 전동 톱 등은 분대용 기초 단위이고 탐색용 음향 탐지기와 엔진식 쇄암기, 탐색용 내시경 카메라 등 도쿄 소방청 긴급구조대가 상비한 고도의 구조장비도 소·중대 단위로 운용되고 있다. '인명 구조 시스템'이라는 이름에서 알 수 있듯이 이러한 장비는 자위대 군용장비의 '전용轉用'이 아니라, 말 그대로 인명 구조를 위한 '전용專用' 장비이다. '인명 구조 시스템'은 자위대 장비 역사에서 '패러다임의 전환'이라 할 수 있다.

두 달간 자위대는 어떤 성과를 올렸는가. 5월 12일 현재 숫자상으로는 구조된 인명이 누적 1만 4,937명, 수용된 시신이 8,306명, 급식 지원 343만 식, 급수 지원 2만 7,084톤, 입욕 지원 54만 5,773명 분, 도로 개척 319킬로미터, 위생 지원 16,242명 분이다(《아사구모》, 5월 19일자 그 외). 동일본대지진 재해에서 전개된 이만큼의 활동은 솔직히 평가받아야 할 것이다.

'국방'이 주된 임무인 '군대'가 '인명 구조'라는 형태로 개개인의 국민을 지키는 임무가 도드라진 것은 일종의 역설이다. 원래 '군대'의 본질 속성은 '국가'를 지키는 것이지 개개인의 국민을 지키는 것이 아니다. 헌법 9조와 관련지어 보면 내각법제국內閣法制局이 1954년에 '자위력 합헌론'(군대와 '전력戰力'은 위헌)이라는 해석을 내린 지 반세기가 지났다. '자위대는 군대가 아니다'라는 이 원칙은 오늘날에도 여전히 유지되고 있다. '군대'로서 실질적인 태세를 갖추고 아프리카 동부 지부티에 첫 '해외기지'(《요미우리신문》, 5월

28일자 석간)까지 파견된 자위대. 이번 대지진 재해로 그 존속을 건 전력 출동의 결과, 자위대에 대한 평가가 국내외에서 대단히 높아졌다. 동시에 앞으로 자위대 내부의 자체 평가에도 영향을 미칠 것은 의심의 여지가 없다. 그때 '군'으로서의 존재를 강화할 것인가 아니면 국민에게 감사받는 재해 파견의 능력을 키울 것인가. 21세기형 군대의 '다기능화'에 머물지 않고 본질을 더욱 논의해야 할 것이다.

제 8 장

리쿠젠타카타의 사람들

—직언, 2011 년 6 월 13 일

2010년에 동북 지방에서 네 차례 강연을 했다. 그때 알게 된 분들이 재해를 입었다. 이번 동북 방문에서는 그분들을 만나고 싶었다.

10월에 모리오카 시盛岡市에서 있었던 이와테 현 중소기업가 동우회 강연의 회식이 끝나고 '지금부터 리쿠젠타카타陸前高田까지 갑니다', '나는 오후나토까지'라고 인사한 분들이 있었다. 그 당시 나는 이와테 현의 도로 사정을 몰랐고 거리 감각이 없어서 그런 지명들을 그냥 흘려들었다. 그러나 '3월 11일' 이후 그분들이 걱정되었다. 동북각지의 지인과 친구들에게 안부 메일을 보냈지만, 이와테에서는 답장이 없었다. 4월이 되어 이와테동우회 사무국에 전화하니 작년 강연회에 참석한 분들은 모두 무사하다고 한다.

4월 10일 니혼TV '진실 보도 반키샤!'라는 프로에서 '재건을 위한 집념—전통 간장가게의 한 달'이라는 제목으로 현지를 탐방했다. 창업 200년의 야기사와 상점은 쓰나미로 공장과 점포 모두 파괴되었다. 그러나 4월부터 두 명의 신입사원을 뽑았다. 아무런 생각 없이 보고 있었는데 입사식 장소로 리쿠젠타카타 자동차학원이 나왔다. 뒤에는 '이와테 현 중소기업가동우회'의 깃발이 보였다. 화면을 뚫어지게 보니 강연에서 만난 분들이 거기에 있었다. 모두 웃는 얼굴로 열심이었다. 그분들을 만나야겠다고 생각하여 리쿠젠타카타로 향한 것이다.

미야기 현 마쓰시마 초松島町에서 게센누마 시를 거쳐 리쿠젠타카타시로 향한다. 45번 국도(도하마東浜 도로)에는 '쓰나미 침수 예상지구' 표식이 있었는데 여기를 넘어 쓰나미가 밀려왔음을 알 수 있었다(사진 24).

게센누마 시에 들어가서 본 쓰나미의 파괴력에 경악했다. 트럭이 제방 위로 올라가 있고 배가 건물과 부딪혀 있었으며 자동차가 유실되었다. 이곳은 화재 피해가 특히 심했고 수많은 어선이 불에 탔다.

사진 24

차 안에서, 강연 때 알게 된 분들께 닥치는 대로 전화를 걸었다. 리쿠

젠타카타 자동차학원 다무라 미츠루田村滿 사장과 오후나토에서 목재가공업을 하는 구마야 히데아키熊谷秀明 씨와 전화 연결이 되었다. 근처에 가서 전화하기로 했다. 그러나 게센누마에서 리쿠젠타카타로 가는 45번 국도는 여러 곳에서 전화가 불통이었다. 국도 표식도 임시적이라 제대로 알기 어렵다. 게센누마 시내에서 헤매다 같은 곳에서 몇 번이나 맴돌았다. 사람들에게 길을 물으면 번번이 같은 길로 되돌아오고 높은 지대로 올라가면 막혀 있다. 막다른 곳에 시민회관이 있었다. 공원에는 벚꽃이 피어 있고 잉어깃발이 펄럭이고 있었다. 정신을 차리고 다시 파괴된 시내를 이리저리 운전하여 겨우 리쿠젠타카타로 이어지는 도로를 발견했다.

리쿠젠타카타 시내로 들어가 보니 여기서도 쓰나미의 괴력에 할 말을 잃었다. 광대한 지역이 송두리째 파괴되었다. 마지막까지 대피령을 알린 소방차의 무참한 모습에 두 손 모아 합장을 하였다. 리쿠젠타카타 시에서는 49명의 소방대원이 사망하거나 실종되었다. 연안에는 해안보안청의 순시선과 해양자위대의 호위함, 구조헬기가 시신 수색활동 중이었다. 그런 와중에 잔해더미에서 깃발을 보았다. 뭔가, 가슴 한곳으로 바람이 지나는 기분이었다.

사진 25

사진 26

차로 한동안 달려도 좀처럼 목적지에 도착하지 못했다. 오사카부의 경찰광역 긴급구조대(교통부대)의 경찰관이 교통정리 중이었는데 어딜 가도 교통체증이 심했다. 휴대전화로 몇 번이나 다무라 사장에게 길을 물었다. '잔해 더미가 계속 이어지다가 중간에 끊어지는 곳에 편의점 잔해가 있는데 그 앞을 좌회전하세요.' 이 설명이 상당히 어려웠다. 주위는 잔해 천지이고 '중간에서 끊어진다'는 뜻을 알 수가 없었다. 좌회전을 몇 번이나 잘못해 그때마다 처음 길로 되돌아왔다. 건물을 놓치는 것은 이정표를 잃어버린다는 것임을 실감했다.

한 시간 정도 걸려서야 겨우 자동차학원에 도착했다. 기동대 인원수송차와 육상자위대 72식 트럭, 자원봉사 활동의 '긴급지원물자 운송 중'이라고 쓰인 승합차가 줄지어 있었다. 자동차학원은 이 지역의 지원센터지가 되었다고 한다. 재해 지역의 주민 차량에 자위대 대원이 직접 휘발류를 넣어주고 있었다.

오후나토 시의 구마야 씨는 일부러 리쿠젠타카타까지 와주셨다. 나를 찾으러 나갔던 다무라 사장도 돌아왔다. 반년만의 재회였다. 강연에서는 못 만났던 고노 미치히라河野通平 씨(야키사와 상점 사장)도 와 계셨다. 모두 웃는 얼굴로 맞아 주었다. 리쿠젠타카

사진 27

타의 상황에 대해 여쭈었다. 암담한 상황에서도 모두 나름의 방식으로 복귀를 위한 방법을 모색하고 계셨다.

다무라 사장은 리쿠젠타카타와 히라이즈미平泉, 도노遠野 세 곳에서 자동차학원을 경영하고 있다. 자동차 학원의 성격상 18세 이상 인구가 중요하다. 그러나 주변 지역의 인구가 반년 동안 감소하자 과소화過疎化 위기감을 느끼고 전국에서는 처음으로 녹색관광 융합형 자동차 학원을 세웠다. 일본 농업의 현재는 심각하지만 다무라 사장은 18세 이상의 인구 감소 문제와 농업을 연결하여, 주말과 연휴에 무농약 채소재배 체험과 자동차 교습이 가능하도록 했다. 풍요로운 자연환경에서 자동차 교습을 받을 수 있도록 하였고 '안전의 씨앗 뿌리기' 시범사업을 이어가고 있었다.

야기사와 상점은 쓰나미로 에도 시대부터 이어온 나마코 벽(벽면에 네모난 평평한 기와를 붙이고 기와 사이의 이음새를 회반죽 흙으로 봉긋하게 바른 양식) 창고와 간장 제조에 필수 불가결한 삼나무통을 모두 잃고 말았다. 그러나 고노 사장은 39명의 종업원을 한 명도 해고하지 않았고 오히려 신입사원 2명을 채용했다. 《아사히신문》 4월 7일자는 '나무통과 희망을 찾았다'라는 제목으로 입사식

사진을 넣어 4단 기사로 이를 전했다.

1807년에 창업한 이 회사는 이와테산 대두와 밀로 숙성시킨 무첨가 '기아게 간장'(야마센 간장의 상표)로 유명하다. 앞서 언급한 니혼TV 프로그램 '진실보도 반키샤!'에서는 잔해 더미에서 오래된 금고가 발견되어 고노 씨가 무척 기뻐하는 장면이 나왔다. 나는 회사 재건에 필요한 도장과 저축통장이 나와서 다행이라고 생각했는데 이번에 고노 씨에게 직접 이야기를 들어보니 사정은 달랐다. 사실은 그 금고에는 에도 시대부터 전해오는 간장 제조에 관한 고문서가 들어 있었는데 무사히 발견되어 기뻐했다고 한다. 다른 TV 프로그램에서는 지진 발생 2주일 뒤에 시내 산기슭에서 삼나무 통이 발견되었고 고노 씨가 통에 눌러붙은 모로미(찐 콩과 볶은 밀가루를 섞은 반죽)를 깎아내는 장면이 방영되었다. 그 모로미를 대학 연구소에 보내어 배양시키면 전통의 맛을 되살릴지도 모른다. 방송에서는 이것을 '희망'이라고 전했다. 나중에 부서진 압착기에서도 '모로미'를 채취하였고 이것으로 대학 연구실에서 모로미 배양에 성공했다고 한다. 창업 200년 전통의 맛이 부활할 것이다.

이날 나를 만나러 일부러 리쿠젠타카타까지 와준 오후나토의 구마야 씨. 작년 강연 후 회식자리에서 이야기를 나누면서도자연과 산에 대한 강한 애착이 인상적이었다. 바다에서 풍부한 해산물을 얻기 위해서는 산을 키워야 한다. 바다로 흘러가는 강의 상류에 꾸준히 나무를 심는 이야기는 이미 이번 '직언'에서 소개한 적 있지만 구마야 씨도 같은 문제의식을 느낀다고 했다. '바다와 산을 잇는 다—이와테의 제6차 산업을 전망한다'라는 강연도 하고 있으며 구마야 씨는 '안전이라는 키워드에 바다, 산, 강 그리고 먹거리가 연결되어 있다'고 이야기한다.

이와테 강연에서 알게 된 분들은 훌륭한 분들이었다. 이런 분들이 있는 한 지역은 반드시 다시 일어날 것이라 믿는다.

제 9 장

오쓰치초 기리키리

―직언, 2011년 6월 20일

구旧 미즈사와 시水沢市(현재 오슈 시奥州市 미즈사와 구水沢区)에서 1박을 하고 모리선이라 불리는 397번 국도와 107번 국도를 따라 가마이시釜石로 향한다. 국도가 여기저기 단절되어서 멀리 돌아갔다. 도로가에는 오자와 이치로小澤一郎 씨의 포스터가 곳곳에 세워져 있었다(사진 29). 화난 표정으로, 인왕상처럼 보인다. 과연 오자와 씨의 정치 기반 지역이다. 그러나 재해 지역에서도 도쿄에서도 직접 그의 모습을 볼 수 없다.

가마이시 시내에 들어서자 쓰나미로 인한 파괴가 심각하다. 특히 가마이시 경찰서의 운전면허 센터 주차장에는 피해 차량이 많이 세워져 있었다. 직원인 듯한 사람이 다가와 '차를 찾으십니까' 하고 묻는다. 차를 확인하러 오는 사람들의 폐차 절차를 도와주는 듯했다. 그렇다고는 하더라도 피해 차량의 수가 엄청나다. 이와테 현은 5월 12일, 미야기현은 20일에 공지를 올려 2주 동안 소유자가 나오지 않을 경우 해체업자에게 넘긴다고 했다(《요미우리신문》, 5월 26일자).

사진 29

가마이시에서 45번 국도를 따라 오쓰치초大槌町에 들어간다. 해안가의 마을은 모조리 쓰나미에 당했다. 지진 직후 조야쿠바町役場〔읍사무소〕에 대책본부가 설치되었고 회의 중에 쓰나미가 덮쳤다. 그 자리에 있었던 가토 고키加藤宏暉 읍장 이하 모든 과장급과 많은 직원이 사망하거나 실종되었다. 재해로 한순간에 자치단체의 행정 기능이 이 정도로 파괴된 사례는 없었다. 시가지는 엄청나게 파괴되었다. 사망자 777명, 실종자 950명이었다(《아사히신문》, 6월 5일자).

오쓰치 중심지에서 30킬로미터 정도 동쪽으로 가면 기리키리吉里吉里 지구가 있다. 고지대에서 바라보니 해안에서 산기슭까지 쓰나미가 밀려와 마을이 파괴되었다. 피난소인 기리키리 초등학교에 갔다. 마침 학교 건물 옆에서 부인지우사婦人之友社와 자유학원의 자원 봉사자들이 생활물자를 제공하고 있었다.

근처에 있던 소방단원 하가 마모루芳賀衛 씨(60세)에게 이야기를 들었다. 하가 씨는 작년까지 가마이시 제철소에서 근무하다가 고향에서 막 활동을 시작한 참이었다고 한다. 이 지역에서는 750가구 중 300가구가 전괴 혹은 반괴의 피해를 보고 사망·실종자는 88명

이라 한다. 교정에는 인생경험이 풍부한 하가 씨와 연배가 비슷한 사람들이 모여 있었다. 이런 사람들이 중심이 되어 재해 후 지역 복구 활동을 전개하고 있었다. 하가 씨의 안내로 초등학교의 뒤쪽으로 갔다.

조금 높은 지대에 묘지가 있었다. 기리키리젠베吉里吉里善兵衛의 묘지였다. 에도 시대 남부번의 해산물 상인인 마에카와 젠베前川善兵衛는 대대로 '기리키리젠베'라 불렸다. 산리쿠의 해산물을 관동 지역으로 보내는 역할을 하였고 철광산 발굴로 철광업도 일으켰다. 또 양질의 대두를 생산하여 조시銚子로 보내어 노다野田의 간장 원료로 만들었다. 젠베는 쓰나미나 흉작 등 재해가 일어날 때마다 촌민 구제를 위해 곳간을 열거나 고용을 확보하여 농업과 어업을 진흥시켰다. 보력宝歴의 대기근(1753-1757년에 일어난 대기근) 때는 3만 명 이상의 목숨을 구했다. 하가 씨를 비롯한 지역주민의 신망은 지금도 두텁다.

하가 씨는 묘지의 설명을 한 뒤 길을 앞장섰다. 곧 선로가 보였다. 모리오카와 가마이시를 연결하는 JR 야마다선, 기리키리 역이다. 3킬로미터 앞에 있는 오쓰치 역은 쓰나미로 완전히 파괴되었는데 이 기리키리 역은 전혀 피해를 보지 않았다. 역사는 '3·11' 이후

사진 31

소방단의 '집합소'가 되었다 한다. 홈에 들어가 시간표를 보니 열차는 하루 9회 운행. 두 시간에 1회꼴이다. 벚꽃 잎이 홈과 선로에 떨어져 있다. 꽃잎을 가르며 열차가 들어오는 광경을 떠올려 보았다(사진 31).

이번 동북 방문에서 마지막 행선지가 이 기리키리 지구이다. 왜 이곳을 골랐는가. 그 이유는 두 권의 소설이 떠올랐기 때문이다. 하나는 당연히 이노우에 히사시의 《기리키리인》(신초샤, 1981). 또 하나는 니시무라 히사유키西村壽行의 《창망의 대지, 멸하다》(고단샤, 1978)이다. 나는 30년 전 대학원생 때 두 권 모두 출판되자마자 양장본으로 읽었다. 《기리키리인》은 834페이지의 두꺼운 한 권으로 되어 있고, 《창망의 대지, 멸하다》는 상·하 두 권으로 된 412쪽 책이다. 두 권 모두 동북 지방이 정부의 홀대를 받아 일본에서 독립하는 이야기이다.

니시무라의 작품은, '동북 6개 현, 메뚜기 떼 습격과 비극의 오슈국 독립'이라는 표지 띠에 나와 있듯이, 메뚜기 떼 습격으로 동북 지역의 농업이 괴멸되자 정부가 도쿄를 지키기 위해 동북을 버렸고, 이에 동북 6개 현이 독립을 선언, 젊은이 6천 명이 '동북 지방

수비대'를 결성하고 자위대와 싸운다는 과도한 '바이올렌스 패닉 로맨스violence panic romance' 소설이다. 강렬한 서두에 빨려들었지만, 점점 거친 줄거리와 전개를 따라지 못했던 기억이 있다. 소설에 오쓰치초는 나오지 않지만, 이와테군 이와테초는 나온다.

《기리키리인》은 두말할 필요 없는 이노우에 히사시의 장편소설이다. 《기리키리인》 초판이 서고의 구석에 있었는데 이번에 새로 문고판 세 권을 구입해 다시 읽었다. 일본 정부의 악정에 시달린 '기리키리촌'의 사람들이 일본국으로부터 독립을 시도한다는 줄거리이다. 인구 4,200명의 '기리키리국'의 공용어는 '기리키리어'(즈즈 사투리). 독립통화는 '이엔'이고 국회의사당과 재판소도 있다. 독립을 인정하지 않는 일본 정부가 자위대를 출동시키지만, '기리키리국'은 기상천외한 방법으로 이에 맞선다.

'기리키리국'의 국가이념은 농업·의료·평화이다. 일본 정부의 농업 정책에 희생된 동북 지방의 분노가 밑바탕에 있다. 일본으로부터 독립하게 된 '어쩔 수 없는 이유'는 '국익'에 대한 반발에서 비롯되었다. 도고 노인은 말한다. '국익을 위해서다. 증산하라!', '국익을 위해서다. 농지 축소해라!', '국익을 위해서다. 광역 영농단지를 만들어라, 기업화해라', '국익을 위해서다. 옆 마을과 합병하라'. 언제나 국익이다. 정부는 말끝마다 국익이다.

의료에 대해서도 꽤 자세히 전개된다. 뇌사와 장기이식까지 나온다. 젠타자에몬 노인은 말한다. '기리키리 헌법'이 보장하는 모든 자유는 '생에 대한 집착에서 비롯된다. (…) 죽으면 자유가 있는가!', '뇌사 순간에 죽음을 판정하는 것은 명백히 헌법 위반이다'

라고.

'기리키리국'은 농업 입국과 의료 입국, 평화 입국의 이념도 명확하다. "일본국의 무리가 헌법 9조를 이리도 하찮게 다룬다면 우리가 그대로 빼 와서 군대의 '군' 자도 없는 나라를 만들어 보이자. 〔…〕 군대 없는 작은 나라지만, 하나의 국가가 유지되는 것을 보여주겠다!" 국제법의 고도한 논의도 재미있고 우스꽝스럽게 묘사된다. 법 지식을 구사하며 싸우는 모습에서는 작가의 확고하고 맑은 문제의식을 느낄 수 있었다.

지금 생각해 보면 '기리키리국'의 에너지는 지열발전이고 식량자급률은 100%였다. 화폐제도는 금본위제이다. 반대로 30년 사이에 기리키리인이 반대했던 것들이 거의 현실로 드러나 버렸다. 어리석은 '헤이세이平成 대합병', 자연을 파괴한 고속도로망…. 특히 식량자급률을 14%까지 떨어뜨린 지난해 TPP(환태평양 전략 경제 연대협정)를 소설 속 기리키리인들이 안다면 분노로 쓰러질 것이다.

《기리키리인》의 결말은 비극으로 끝난다. 그러나 '기리키리젠베'의 독백은 가슴에 남아 있다. 30년 전에 《기리키리인》을 읽었을 때는 전혀 알지 못했던 것들을 지금 문고본으로 다시 읽어 보니 '보물산'처럼 여기저기 눈에 띄어 놀랐다. 아직 읽지 않은 분들은 이 장편 대작에 도전해 보길 바란다.

내가 향한 오쓰치초 기리키리와 기리키리 역은 소설에서도 등장하지만(제3장), 소설 속 '기리키리촌'과는 조금 다르다. 그러나 오쓰치초는 소설 속의 '횻코리효탄 섬'의 모델이 된 앞바다의 섬을 비롯해, 《기리키리인》으로 지역 소득을 올리고 있었다.

쓰나미로 행정 기능이 마비되었지만, 주민은 기리키리 초등학교의 피난소에서 자발적으로 재해대책본부를 꾸렸다. 《마이니치신문》 4월 14일자 석간에 따르면 '행정을 기다리다가는 언제 복구될지 모른다'며 소방단장을 경험한 히가시야마 간이치東山寛一 씨(67세)의 의견에 따라 주민이 식료반과 의료반을 조직해 활동을 시작했다. 주민 스스로 실종자를 수색하고 중기를 사용해 국도와 지방도로의 잔해를 철거했다. 편의점 사장의 협조로 빵과 음료수를 주민들에게 나누어주었다. 방재용으로 준비해 둔 발전기를 사용해 의료용 전원을 확보하고 부상자와 투석환자를 이송하기 위해 기리키리 중학교 교정에 헬기 이착륙 장소를 알리는 'H' 마크를 그렸다. 이 마크를 보고 자위대가 착륙하여 환자를 이송할 수 있었다. 재해 발생 5일 후에 이 지역에 들어온 자위대원은 치워진 잔해 상태를 보며 '이 정도로 자력으로 복구하다니'라며 감탄했다 한다. 정말 《기리키리인》 소설에 나오는 그대로의 행동력이다. "이노우에 히사시 씨의 소설, 《기리키리인》으로 마을을 일으켜 주목받은 기리키리 지구. 이번 재난에서도 〔…〕 '독립정신'으로 피난 생활을 서로 지탱하고 있다"(야마가와 슌페山川淳平, 다카키 가나高木香奈, 마이니치신문 기자).

6월 15일 오후 와세다대학 제90회 법학회가 오스미 강당에서 열렸다. 강연자는 헌법학자인 히구치 요이치樋口陽一 씨(도호쿠대학, 도쿄대학 명예교수, 와세다대학 교수), 주제는 '어느 극작가와 함께 헌법을 생각한다—이노우에 히사시의 《기리키리인》에서 《무사시》까지'였다. 점심 모임부터 동석했는데 강연 내용은 정말 흥미롭고 여러 생각을 갖게 하였다.

강연 내용은 '이노우에 히사시에게 헌법이란'과 '헌법에서 이노우에 히사시란'이라는 두 개의 줄기로 이루어졌다. 히구치 씨는 소설《기리키리인》의 다양한 구성과 소재, 취향에서 보이는 이노우에 히사시의 사상을 풀어 갔다. 자세한 강연 내용은 생략하지만(《와세다법학》에 전문이 수록될 예정), 한 가지만 예로 들자면, 국가는 자연적인 것이 아니라 목적을 가진 개인이 창설하여 유지된다는 사상이다. '독립'이 혈연으로 맺어진 민족에 의한 것이 아니라 의지의 힘으로 만들어진다는 시각은 중요하다.《르 몽드》가 재해 시의 기리키리 지구의 공동체의식에 주목한 것은 쉽게 이해가 된다. 히구치 씨도 기리키리의 사람들이 미증유의 위기에서 스스로 보인 독립된 행동을 주목한다. 대지진 재해로 알게 된 관점이다.

하가 씨와 주위 분들의 배웅을 받으며 기리키리 초등학교를 뒤로했다. 우리 차 옆에 주차되어 있던 경차의 차체에는 '살아남으세요', '포기하지 마세요', '모두 응원하고 있어요'라는 무수한 메시지가 적혀 있었다. 자원봉사자들이 돌아갈 때 남긴 것이다.

고리야마 시에서 오쓰치초까지 약 800킬로미터를 달리면서 쓰나미의 피해에 놀라 말을 잃고 원전 사고라는 거대한 피해에 분노하면서 괴로워했다. 다시 일어서려는 사람들에 감동했고, 정치가 제 기능을 못하고 되풀이되는 것에 무력감을 느꼈다. '직언'에서도 11주간에 걸쳐 동일본대지진 문제를 다루었다. 원전 사고는 점점

사진 32

더 심각한 영향을 끼칠 것이다. 헌법 시행 64주년 직전에 일어난 대재해 현장에서, 또 돌아와서도 머릿속에 선명히 남아 있는 광경을 떠올리며 생각한다. 헌법의 역할은 어디에 있는가. 헌법연구가는 무엇을 할 수 있는가. 무엇을 해야 하는가. 앞으로도 이번 취재를 밑거름으로 삼아 연구하고 언론 활동을 하리라 다짐한다.

◇ 대지진과 와세다필하모니

추모연주 — 'G선상의 아리아'

내가 회장으로 있는 와세다대학 필하모니 관현악단(와세다필)은 여진과 교통기관의 혼란, '계획 정전'이라는 상황에서 졸업 콘서트를 중지하기로 했다. 졸업생들로서는 힘든 선택이었다. 그 대신 5월 22일 제64회 정기연주회(지휘: 마쓰오카 하카루)는, 재해로 연습 장소도 제대로 확보되지 않는 상태였지만 단원이 하나가 되어 림스키 콜사코프 교향곡 '세헤라자드' 작품 35를 메인으로 연주했다.

재해 발생 후 첫 콘서트였으므로 '앞 부분에 프로그램 이외의 곡을 뭔가 연주하면 어떨까?'라고 오노 요나(사회과학부 3학년, 클라리넷) 총감독에게 제안했더니 이미 학생들이 자체적으로 생각하고 있었다. 당일까지 곡목은 비밀이라 하기에 나는 안내장에 다음과 같이 인사말을 올렸다.

> 3월 11일 동일본대지진은 일본뿐만 아니라 전 세계에 큰 영향을 미쳤습니다. 재해로 돌아가신 분과 피해를 보신 분들에게 진심으로 위로의 말씀을 드립니다. 와세다필도 여진과 '계획 정전'으로 3월 19일 졸업 콘서트를 중지했습니다. 힘든 시기입니다. 복구를 위해 방대한 시간과 노력이 필요합니다. 이러한 때 오케스트라는 무엇을 할 수 있을까. 음악을 통해 사람들의 마음에 불을 밝힐 수 있지 않을까 생각해 봅니다. 이러한 마음과 결의를 담아 서두에는

프로그램에 없는 곡을 특별히 연주합니다. 이것은 단원들이 스스로 생각한 것입니다.

연주회 당일 회장에 가니 서두의 연주곡은 'G선상의 아리아'였다. 요한 세바스찬 바흐의 관현악 모음곡 제3번 D장조(BWV1068) 제2악장. 바이올린의 현에는 E선, A선, D선, G선 네 줄이 있다. 그중 가장 낮은 음인 G선만으로 연주한다 하여 'G선상의 아리아'이다. 내심 학생 오케스트라답게 조금은 특이한 선곡을 기대했지만, 이 상황에서 고른 곡답게 당연하고 정직하며 온당했다.

연주회 전에 마지막 연습을 들었다. 전혀 진심이 담겨 있지 않았다. 그래서, 졸업콘서트가 중지된 경위도 있었으므로, 마이크를 잡고 한마디 인사했다. '이 곡을 듣는 분은 눈앞의 청중만은 아니다. 그 뒤에 수많은 희생자들이 있다. 이 점을 똑똑히 마음에 새겨 연주해 주길 바란다'는 취지를 전했다.

현악 파트로 뽑힌 단원이 무대에 오르고 지휘자가 청중에게 '박수는 사양'하고 조용히 연주가 시작되었다. 연습 때와는 전혀 달랐다. 신년 콘서트(2010년 1월 9일 오스미강당)처럼 큰 콘서트 때 보이는 학생들의 집중력에 몇 번이나 놀라지만 이번에도 집중력이 발휘되었다. 기뻤다.

제1바이올린 여학생(3학년)은 소감에서 "재해로 희생되신 분들을 위해 '헤어져 있어도 마음은 하나'라는 마음으로 연주했습니다"라고 말했다.

청중들의 반응도 좋았고 '서두의 아리아는 감동이었습니다', '연주 시작에 앞서 피해 주민을 향한 진심 어린 연주는 좋은 기획이었다' 등등 여러 소감이 전해져 왔다. 또 '피해 주민의 한 사람으로서 서두의 아리아는 가슴을 저몄습니다'라는 분도 있었다('제64회 정기 연주회 앙케트 집계 결과'에서).

와세다필 in 리쿠젠타카타&나토리

무더운 8월 와세다필은 와세다대학 히라야마 이쿠오 기념자원봉사센터(WAVOC)의 재해부흥지원 자원봉사에 참가하여 이와테 리쿠젠타카타 시와 미야기 현 나토리 시名取市 아리아게閖上에서 연주 활동을 하였다. 3학년이 참가하여 현악중주(콰르텟)의 바이올린 2명, 비올라, 첼로 각 1명, 목간 5중주(퀸텟)의 플루트, 오보에, 클라리넷, 파곳, 호른 각 1명, 그리고 퍼커션 1명으로 모두 10명이었다.

와세다대학에서는 탁구부가 이와테 현립 다카타 고교에서 지도한 것을 인연으로 체육계열 각 학부와 인문계 및 예술계 동아리 학생들이 재해로 피해를 입은 지역에 들어가 다양한 활동을 하였다. 음악계열에서는 아카펠라 동아리 '스트리트코너 심포니(SCS)'가 이와테 현 후지사와초의 요양병원에서 콘서트를 열었고(《이와테일보》, 8월30일자) 남성합창단 '와세다대학 그리클럽'도 미야기 현 이시마키 시에서 콘서트를 열었다(《이시마키히비신문》, 9월 6일자). 이들 활동의 많은 부분을 WAVOC가 지원하였으며, 학생들은 사전에 현지 상황에 대한 설명을 충분이 듣고 준비하여 임했다. 와세다필의 활동도 이러한 학생 총 동아리 활동 중 하나이다('재해복구지원 자원봉사 특집—전하자 진심',《와세다위클리》, 2011년 10월 27일호 참고).

이러한 활동 모습을 오노 히로나 총감독의 현지 르포에서 발췌해 아래에 소개한다.

> 8월 10일 오전 요양 시설 '고수원'에서 연주. 곡목은 바흐의 'G선상의 아리아', 드보르자크의 현악 4중주 '아메리카' 중 제4악장, 그리고 목관 5중주 '일본의 노래'이다. '일본의 노래'는 일본 민요 메들리로 엮었고 '고향'으로 마지막을 맺었다. 현지인들에게 리쿠젠타카타는 '재해 지역'이 아닌 '고향, 나의 마을'이라는 것을 단원들은

사전에 함께 생각을 나누었고, 연주에 임했다.

저녁부터 현립 다카타 병원에서 콘서트를 열었다. 곡목은 거의 비슷했다. 100여 명이 모였다. 앙코르 공연 시에는 회장에서 신청곡을 받았고 콘서트 마스터인 사카이 요시히토(이공학부 3학년)가 그 자리에서 리쿠젠타카타 출신의 가수 센 마사오 씨의 '북국의 봄'을 연주했다.

사실은 오전에 '고수원'에서 연주할 때 그 자리에서 '북국의 봄'을 신청받았지만 단원 중 한 명도 이 곡을 아는 사람이 없었다. 선곡 단계에서 이 지역 출신 가수의 노래를 예상하지 못했다. 그러나 콘서트 마스터는 병원으로 이동하는 버스 안에서 곡을 외워 병원 콘서트에서는 '북국의 봄'을 악보도 없이 연주했다.

나중에 그는 이렇게 말했다. "리쿠젠타카타의 분들은 건강하게 생활하고 있었습니다. 그러나 그 뒤에는 슬픔과 괴로움이 있고 일상을 되찾을 수 없는 현실이 있습니다. 아무쪼록 하루빨리 예전 생활로 돌아가시길 바라며 이 지역의 익숙한 노래 '북국의 봄'을 연주해 함께 불렀습니다. 리쿠젠타카타 분들의 지역에 대한 마음을 노래로 느끼게 되어 정말 감동했습니다."

다음 날 미야기 현 나토리 시 아리아게 중학교에 도착해 권투부와 함께 학교 주변을 청소하고 풀을 벴다. 체육관 유등행사 준비로 계단과 통로에 전구와 등을 놓는 작업을 도왔다. 이것은 그날 행사장을 찾는 사람만을 위한 것이 아니다. 돌아가신 분들을 위한 '길 안내'의 의미도 있다고 한다. 재해 그날 비상계단을 몰라 옥상에 올라가지 못해서 목숨을 잃은 사람이 수십 명이 된다고 한다.

체육관에서 지역주민과 자원봉사자 앞에서 짧은 연주회를 했다. '고향', '살아라'라고 쓰인 많은 등 사이에 앉은 사람들에게 드보르자크 등을 연주했다.

나는 여러 곳에서 연주를 했었지만, 지원 물자가 쌓여 있고 '살아라'가 그려진 등 앞에서의 연주는 물론 처음이었다. 연주하면서 눈앞에 많은 등이 보였다. 하나하나에 영혼이 있다. 그렇게 많은 사람이 돌아가신 것이다. 마음이 찢어질 듯했지만, 그분들을 위해 음악을 전하자는 마음으로 연주했다.

와세다대학에서는 많은 학생이 동일본대지진의 재해 현장에서 자원봉사 활동을 하고 있다. 와세다필도 그 하나에 지나지 않는다. 그러나 참가한 학생은 분명 한층 성숙해져서 돌아왔다. 연주한 곳에서 3월 11일 어떤 일이 일어났는지 알고 놀라며 움츠러들었지만 눈앞에 있는 사람들을 위해 음악을 전하려는 일념으로 연주했다. 이런 마음은 앞으로 그들의 인생에 계속 살아 있을 것이다.

• 출전 : '직언', 2011년 6월 27일, '추도음악'
'직언', 2011년 11월 7일, '와세다필 in 리쿠젠타카타&나토리'

제 Ⅱ 부

동일본 대진재로부터의 부흥

— 헌법의 시점에서

1. 지진 재해 후 첫 헌법기념일에

2011년 5월 3일. 재해 발생 후 첫 헌법기념일이었다. 신문 각지의 사설은 어느 것 할 것 없이 동일본대지진과 헌법의 관계를 다루었다. 《아사히신문》 2011년 5월 2일자에는 두 헌법연구가의 논평이 실렸다. 한 사람은 이렇게 말한다.

> 이번 재해는 도쿄가 불타버린 패전의 손실에 필적할 만한 사태다. 헌법에 담긴 생존권은 당시 의식주가 부족한 상황에서 국가의 이념을 걸고 전후 복구를 이루는 데 그 역할을 담당하였다. 또다시 국민이 잔해더미에 있는 지금이야말로 생존권이 빛나는 것이 아닌가(다카미 가쓰토시高見勝利).

시가지가 파괴된 미나미산리쿠초와 리쿠젠타카타 시의 '잔해더미'에서 방금 돌아온 필자에게 이 말은 무겁게 울렸다. 헌법 시행

64주년을 맞이하여 헌법과 생존권을 바라보는 새로운 시선을 느꼈다.

또 다른 한 사람은 이렇게 말한다.

> 헌법은 도라에몽의 마법주머니가 아니다. 생존권을 어디까지 실현해야 하는가는 헌법에서 좀처럼 이끌어 내기 어려운 이야기이다. 헌법은 생존권을 실현하기 위한 제도라는 점을 우선 국회가 인정하면 실마리가 생긴다. 〔…〕 국회에서 충분히 논의하여 최소한의 생활재건까지는 지원해야 한다(하세베 야스오長谷部恭男).

헌법의 수비 범위를 명확히 하는 시각에서 보면, '(제도의) 운용 방법이 이상하다. 〔…〕 제도와 제도 간의 정합성이 이루어지지 않은'(하세베 야스오) 바로 지금이야말로 헌법이 나서야 할 때일 것이다. 헌법의 일반론에서 보면 맞는 말이다. 헌법을 '도라에몽의 마법주머니'에 비유한 것도 헌법에 대한 과잉기대(헌법에 대한 과잉부담)를 피하기 위한 문제의식에서 나왔을 것이다.

필자는 재해 현장을 돌아봤고, 돌아와서도 또렷한 광경이 떠올라 헌법의 역할은 어디에 있는가, 헌법연구가는 무엇을 할 수 있는가, 무엇을 해야 하는가를 고민하고 생각해 왔다. 헌법학의 관점에서 논해야 할 것은 너무도 많다. 여기서는 우선 중요하다고 느낀 것을 집중적으로 언급하고자 한다.

2. 대진재로부터의 부흥과 헌법

'개인 존중'을 기준으로

헌법에서 가장 중요한 기둥은 인권 보장이며 그 기준은 '인간존중'(헌법 13조)에 있다. 너무나 거대한 재해였기에 사망·실종자 ○○명이라는 건조한 숫자로 말해 버리기 쉽지만, 피해를 당한 지역에서는 소중한 한 사람 한 사람이 자신의 가정과 지역(고향)을 소중히 여기며 생활했을 것이다. 무엇보다 기저에 두어야 할 것은 쓰나미와 원전 사고로 생활이 뿌리째 뽑힌 사람들에 대한 지원이다. 한신·아와지 대지진을 겪은 헌법학자 우라베 노리오浦部法穗 씨는 재해의 복구가 오로지 인프라와 제도, 시스템 복구에 집중되고, '개인 보상은 안 된다', 혹은 '개인 자산을 회복하기 위해 공적 지원은 할 수 없다'는 논리로 개인 생활을 위한 지원이 부정된 것을 비판한다. 그리고 재해로 생활기반을 송두리째 빼앗긴 피해 주민이 원하는 것은 '생활기반의 회복'이고, 이것은 개인이 자립해 살아가기 위한 진정한 기반이므로 이러한 회복이 '개인 존중'의 출발점이라고 날카롭게 비판한다(〈부흥을 향한 원리와 원칙〉, 법학관 헌법연구소, 《헌법시평》 2011년 4월 21일).

재해 현장에서는 재건에 이르지 못한 피해 주민이 장기간 방치되었다. 재해구조법 23조에는 '구조'의 종류가 10항목 있다. ①수용시설(응급 가설주택을 포함)의 공급, ②식품의 배급과 음료수 제공, ③의복·침구 등 생활필수품의 배급과 대여, ④의료·조산, ⑤피해자의 구출, ⑥피해 주택의 응급 수리, ⑦생활에 필요한 자금, 기구

미야기 현 이와누마 시 잔해에서 발견된 사진을 붙인 게시판

미야기 현 오나가와초에서

의 배급과 대여, ⑧학용품 배급, ⑨매장, ⑩정령政令이 정한 사항(시신 수색과 처리, 주택 주변의 잔해 제거 '재해구조법 시행령 8조')이다. 의식주 중에서 지금은 특히 '주'가 가장 절실하다. 가설주택 건설이 한신대지진 때와 비교해도 상당히 더딘 것은 사실이다.

올해 4월 각지의 피난소를 둘러보았지만, 사생활조차 보호받지 못하고 열악한 환경에서 피난 주민의 정신적 피로는 극도에 달해 있었다. 정부의 대응은 더디고 여름철 냉방, 방충, 소음 대책, 겨울철의 난방 등 모든 면이 뒷전에 밀려나 있었다. 피난 주민은 '건강하고 문화적으로 최소한의 생활'(헌법 25조)이라고는 할 수 없는 상태로 장기간 방치되고 있다. 정부는 우선순위를 높여 대응해야 할 것이다.

현행 재해법 제도에는 문제점과 과제도 있다. 예컨대 1947년에 제정된 재해구조법에서는 단기간의 피난을 전제로 피난소를 설치하고 생활 지원을 한다. 그러므로 장기간의 피난 생활, 대지진 재해와 원전 재해, 나아가 생활방식의 변화에 충분히 대응하지 못한다는 약점이 있다. 금전적 지원이 아니라 '현물 지급주의'를 유지한 것도 현장에서는 문제점으로 드러났다. 그 외에도 개선해야 할 점은 많다.

권리 제한을 어떻게 볼 것인가

재해 복구 과정에서 권리 제한과 어느 정도의 부담은 피할 수 없다. 그러나 그것은 어디까지나 '개인 존중'을 기준으로 필수 불가결한 상황에서 이루어져야 할 것이다. 이번 재해에서는 쓰나미로 광범위한 지역이 파괴되고 원전 사고의 방사능 오염으로 거주가 곤란한 지역의 집단 이전(특히 고지대로 이전)이 초점이었다. 예컨대 쓰나미로 쓸려간 토지를 구획 정리 지역으로 지정하여 토지이용규제(건축제한 등)를 할 경우 재산권 제한이 일어난다. 헌법 29조 제2항은 '공공복지'로 발생하는 재산권의 제한은 인정하지만, 이 제한이 합법적으로 이루어지기 위해서는 '규제의 목적, 필요성, 내용, 규제로 제한되는 재산권의 종류, 성질 및 제한의 정도 등을 비교 고려' 할 필요가 있다(대법원, 2002년 2월 13일 대법정 판결). 그러나 모든 것을 간단히 비교 고려의 저울대에 올릴 것이 아니라, 목적과 필요성은 고려의 전제조건으로서 엄밀한 증거와 검증이 필요하다. 사유재산제도를 전제로 한다면 공적 지원에는 어느 정도 장애물이 있다. 다만 생활 '재건'이 필요한 상황에서 가능한 유연하게 생각해야 할 것이다. 제한의 필요성을 이해시키기 위해서도 지역사회의 복구를 주민 의사가 반영된 지방자치단체에 일임하는 것이 중요하다.

지방자치에 근거한 부흥을

앞으로는 헌법에 의거한 지방자치 원칙에서 '부흥'이 이루어져야 할 것이다. 정부와 지방자치단체의 광역 지원, 민간단체와 개인의 자원봉사 등 다양한 활동이 이루어지고 있지만, 이것은 장기적인 활동으로는 적합하지 않다. 결국에는 이러한 응원은 종료될 것이기 때문이다. 앞으로의 지속적인 활동은 지역 자치단체가 중심이 될 것이다. 그러나 오우쓰초처럼 읍장과 공무원을 잃은 지역도 있다. 지역 공동체 담당자의 재건도 불가결하다. 재해의 복구가 부흥으로 이어지기 위한 과정에서는 구조·구원과 같은 집중 태세를 해제하고 그 권한을 가능한 한 지방에 맡기는 것이 중요하다. 나는 '부흥기본법'에 의해 출범한 '부흥청'도 재난 지역인 후쿠시마 시나 센다이 시에 두어야 한다고 논했지만, 결국 '가스미카오카 촌'(도쿄 중심부의 관청가)에 설치하도록 결정난 것은 유감이다. 부흥을 상징하는 의미에서도 주된 관청을 일부러 재해 지역에 두는 것은 의미 있었을 것이다.

이번 재해에서는 자치단체 차원에서 광역적인 지원과 협력이 전개되었다. 그중에서 도쿄의 스기나미 구杉並区가 미나미소마 시의 지원에 나섰다. 그러나 재해구조법은 도도부 현都道府県 지사가 정부의 법정수탁사무法定受託事務로서 지원하는 시스템이기 때문에 시정촌의 기초자치단체 간 상호협력과 연대는 예상하지 못했다. 군마 현群馬県은 스기나미 구의 요양원을 미나미소마 시의 재해 주민에게 무상으로 제공했지만 여기서 발생하는 비용에 대해서는 법 뒷받침이 없었다. 결국, 구가 비용을 충당한 다음 후생노동성이 이 비용을 부담했다(다나카 료田中良 스기나미 구청장, 〈재해구제법·시구정촌의 '족쇄'를 풀어라〉, 《아사히신문》, 2011년 11월 5일자 오피니언란). 재해구제법의 구조도 기초자치체인 시정촌을 중심으로 시정되어야 할 것이다.

헌법에 긴급권 조항을 설치해야 하는가

헌법의 논점으로서는 민감한 문제이지만 긴급권에 관해 마지막으로 언급하려 한다.

전쟁과 대규모 자연재해 등 통상적인 수단으로는 극복하기 어려운 사태가 발생했을 때 평상시의 통치 시스템을 일시 정지하고 집행권에 위험 극복을 위한 특별조치를 수권授權하는 방법이 있다. 이것이 국가 긴급권이다(졸저, 《현대 군사법 제도의 연구》, 일본평론사, 1995년, 196페이지 참조). 어느 나라든지 헌법에 긴급권 조항을 넣을 것인가, 넣는다면 어떻게 제도를 설계할 것인가를 두고 다양한 논의를 해 온 역사가 있다. 예컨대 긴급권 모델로 자주 언급되는 독일의 경우, 1968년 기본권(헌법) 개정으로 전 조문의 3분의 1이 긴급권화 되었다고 알려졌지만, 사실은 긴급권 남용을 막는 '헌법 안전장치'가 곳곳에 깔렸음을 놓쳐서는 안 된다(졸고, 〈긴급사태법 독일 모델의 재검토〉, 법률시보증간 《헌법과 유사법제도》, 일본평론사, 2002년, 40페이지 이하 참조). 모든 국가가 긴급권이 '극약'임을 자각하고 남용 방지를 위한 고안을 마련했다. 일본은 본래 헌법에 긴급권 조항이 없다. 참의원의 긴급집회(54조 2, 3항)를 긴급권의 제도화라 보는 것은 타당하지 않다. 일본 헌법의 긴급권 조항 '부재'는 전문·9조가 철저한 평화주의와 부합하여, 긴급권에 대한 의식적 '침묵'으로 볼 수 있다.

한편 법률 차원에서 다양한 긴급사태에 대응하는 시스템이 마련되었다. 무력공격 사태(무력공격사태대처법 2조 2호), 경찰 긴급사태(경찰법 71조), 재해 긴급사태(재해대처기본법 105조), 원자력 긴급사태(원자력재해대책특별조치법 15조)이다. 이러한 법률에 관해 헌법의 시각에서 다양한 문제를 지적할 수 있지만, 여기에서는 언급하지 않겠다. 오히려 이러한 법률 구조로는 대지진 재해에 충분히 대처할 수 없다고 정부를 비판하면서 '헌법에 비상사태 조항을 넣어야 한다'는 목소리가 야당뿐만 아니라 여당에서도 나오는 것에 주의할 필요가 있다.

대지진 재해의 현실에서 얘기하자면 '3·11' 그날 '현저히 비정상적이고 극심한 비상재해'(재해대책기본법 28조 2)에 수상을 본부장으로 한 '긴급재해대책본부'가 설치되었다. 거의 동시에 원전 사고에 대응하는 원자력재해대책본부도 설치되었다. 그러나 '재해긴급사태'(같은 법 105조)의 공포는 없었다. 긴급조치를 정령으로 시행할 수 있는 이 강력한 시스템은 긴급권을 제도화하는 일면을 가진다. 긴급권은 헌법 9조에서 보면 전쟁·무력행사 차원에서는 닫혀 있다. 그러나 '지진국의 헌법'으로서 국민의 생명과 재산을 지키기 위해 대규모 재해가 발생했을 때에 필요한 권한의 임시적 집중 시스템에서는 엄격한 요건하에 열려 있다고 생각한다.

그러나 재해 후의 현실은, 유치한 '정치 수동'을 고집한 수상이 허둥대어 20여 개의 대책본부가 난립하고 서로가 발목을 잡는 상태가 한 달 이상 계속되었다. 5월이 되어 겨우 난립했던 재해 '본부'가 세 개로 정리되었다(《아사히신문》, 2011년 5월 6일자 석간). 한신·아와지 대지진 때는 수상의 권한 강화가 빈번히 언급되었지만 지금 그것을 말하는 사람은 적다. 개선되어야 할 것은 시스템이 아니라 이를 운영하지 못하는 사람과 정치이다.

11월에 중의원과 참의원 양원에서 헌법심사회가 발족했다. 심사회에서 헌법에 긴급권 조항을 도입해야 한다는 발언을 한 의원도 있었다. 나오미 클라인의 《쇼크 독트린》(이와나미서점, 2011년)에 비유한다면 '재해 편승 개헌'이 아닌가. 현행 재해 대책 법제도의 문제점과 과제를 밝혀 헌법에 적합하도록 검토해야 할 것이다.

3. 재해 현장에서의 다양한 주체들의 활동

정부·지방의 모든 기관이 움직였다,

정치가 허둥대며 부적절한 지시와 명령이 오가더라도 재해 복구 현장에서는 인명 구조와 구호가 정부를 비롯한 지방의 모든 기관과 국내외의 다양한 조직, 단체, 개인이 자신들의 장점을 살려 다양한 장소와 국면에서 한마음이 되어 온 힘을 다했다.

자위대는 경비 구역 피해를 입은 도호쿠방면대東北方面隊를 신속히 복구하여 지진 발생 8일 후인 3월 19일에는 10만 6천 명 태세를 갖추었고 인력과 운송 능력을 살려 초동 구조 활동과 복구 활동의 기초를 마련했다. 자위대의 활동은 이 책 제1부에서 직접 취재하며 설명하였다(졸고, 〈사상 최대의 지진 파견—자위대를 어떻게 바꿀 것인가〉, 《세계》, 2011년 7월호, 112-122페이지 참조).

소방은 화재와 자연재해로부터 국민의 생명과 재산 보호를 첫 번째 의무로 삼는다(소방조직법 1조). 한신·아와지 대지진 이후 강화된 긴급소방 원조대를 중심으로 전국의 소방조직이 하나가 되어 구조 활동을 전개했다(자세한 것은 《도쿄소방》, 2011년 4월호, 〈동일본대지진〉 참조). 또 경찰은 재난 지역의 경비, 범죄 수사, 교통정리, 시신 수색·검시 등 다양한 활동을 광역 지원 태세로 실시하였다. 재난 지역을 돌아다니면서 전국 각지의 경찰 차량과 마주쳤다. 그때마다 세어 보았는데 15개 도부현道府県를 넘었을 때는 세기를 그만둔 기억이 있다. 전국이 동북 지역 지원에 집중해 있음을 알 수 있었다. 또한, 해상보안청은, 내가 본 것은 오나가와 항의 중형 순시

선뿐이지만, 전국에 있는 13개 해상보안본부에서 보안관과 순시선(정), 헬기가 활동하고 있었다. 제3관구 해상보안본부의 특수구조대('해원')가 시신 수색 시 활약한 것은 잘 알려진 사실이다. 각 행정부처와 지방조직, 지방자치단체의 광역 지원도 유례없는 규모로 이루어졌다. 제자 중에는 현청이나 시청에서 근무하는 공무원이 있는데 많은 이들이 재해 지역에서 행정사무 지원을 경험하기도 했다.

자원봉사 'NGO 모델'

해외의 분쟁 지역이나 자연재해 현장에서 활동해 온 일본의 NGO가 동북 지역에서 활동했다. 단체 수는 60개. 국내에서 이처럼 많은 NGO가 인도적 지원에 종사한 것은 처음이라고 한다(《아시히신문》, 2011년 10월 2일자 Globe). 해외에서의 지원 활동 노하우가 재해 지역에서 빛이 났다. 자원봉사자 수는, 후쿠시마 원전 사고의 영향과 피해 지역이 광범위하다는 점 때문에, 137만 명을 넘은 한신·아와지지진 때보다는 적었다. 그러나 재해 지역 전체에서 90만 명 이상이 활동했다(2012년 1월까지).

그중에서 '기적의 자원봉사단'이라 불리는 봉사단의 활동이 있었다. 이 단체는 이시마키에서만 재해 발생 6개월 만에 10만 명 이상의 자원봉사자를 모았다. '이시마키 모델'이라 불리는 이 활동은 종래의 '사협 모델'(사회복지협회가 운영)과는 별개로 'NGO 모델'로 불리는 NGO와 NPO, 자원봉사단이 자발적으로 재해 지역의 요구를 파악하였다. 또, 시시각각 변화하는 재해 상황에 대응하기 위해 '분과회'(식량 지원, 의료 지원, 이송, 심리 치료 등)를 창설하고 각 단체가 특화된 능력에 맞게 소속될 '분과회'를 결정하였다. 활동 거점이 이시마키 센슈 대학에 있었던 것을 활동의 성공 요인으로 꼽는 점은 흥미롭다(자세한 것은 나카하라 잇포中原一步, 《기적의 재해 자원봉사 '이시마키 모델'》, 아시히신문, 2011년 참조).

민간기업 야마토 운수의 활동

지금까지 일본에서 일어난 재해 중 민간기업이 이렇게까지 적극적으로 지원 활동을 한 적이 있었던가. 지금은 CSR(기업의 사회 책임) 시대이다. 여기서는 전국에 배송 네트워크를 가진 야마토 운송의 활동을 소개한다.

야마토 운송은 동북 지역에서 사업소와 차량, 사원이 피해를 보았음에도 3월 23일에는 '구조물자 수송 협력대'를 만들고 소량 배송의 노하우를 살려서 피난소와 병원에 긴급물자를 운송하는 활동을 펼쳤다(〈동일본대지진—그때 야마토는〉, 《야마토 뉴스》, 2011년 5월호). 게센누마 시를 예로 보면 지원물자의 접수와 출하가 한 곳에서 이루어졌던 것을 개선하여 물자를 세분화하여 창고 안을 정리했다. 게다가 차량 100대로 구호물자를 하루에 세 번 피난소에 보냈다. 물자의 분류도 야마토 운송이 위탁받은 형식으로 이루어졌다. 자위대가 대형 차량으로 물자를 실어와도 그것을 세세하게 분류하는 노하우는 자위대에게 없다. 분류와 소량 배송은 야마토의 특기. 어느 피난소에 어떤 것이 필요한지는 피난소를 파악하는 시의 정보에 의한다. 이렇게 자위대, 시, 야마토 운송 삼자 간에 자연스러운 관민 협력과 분담 관계가 생겼다고 한다. 재해를 통한 상호

모색의 활동으로 각 기관, 조직, 단체가 각자의 과제와 교훈을 자각하고 앞으로 살려가야 할 것이다.

이처럼 이번 재해에서는 다양한 활동가, 다양한 봉사자가 힘을 다해 활동했지만 그중에는 주민에게 피난을 권고하다 사망한 공무원도 있다. 주민의 피난을 유도하는 도중 쓰나미에 휩쓸린 소방대원도 적지 않다.

4. 재해와 희생 — 보상을 어떻게 할 것인가

마지막까지 피난을 알리다

검붉게 드러난 철골에 숨을 죽인다. 잔해와 부표, 나뭇가지들이 엉겨 붙어 3층까지 완전히 파괴되었다. 옥상에는 안테나 탑이 있고 도로에 접한 1층 오른쪽에 '재해대책청사'라는 간판이 보여 겨우 관공서 건물임을 알 수 있다. 4월 29일 오전 10시 넘어 미야기현 미나미산리쿠초에 도착했을 때 쓰나미로 광범위하게 파괴된 시가지에서 철골만 남은 건물은 특히 눈에 띄었다. 쓰나미가 도달했을 때 이 청사 2층 방송실

미야기 현 미나미산리쿠초 방재대책본부 청사

에서 위기 관리과 직원인 엔도 마키遠藤未希 씨(당시 24세)가 주민에게 피난을 알리고 있었다. '최대 6미터의 대형 쓰나미가 예상되오니 급히 높은 지대로 대피하십시오.' 이것을 들은 주민은 예삿일이 아님을 알고 곧 대피하기 시작했다. 간발의 차이로 살아남은 사람들은 '마키 씨가 목숨을 살렸다'고 한다. 그러나 방송을 계속한 마키 씨는 쓰나미에 휩쓸려 약 40일 후 시신으로 발견되었다. TV 뉴스에서, 밀려오는 쓰나미와 마키 씨의 목소리가 실린 영상을 몇 번이나 볼 기회가 있었다. 그 현장에 서서 나는 두 손을 모았다. 공무원도 사람이다. 목숨 걸고 활동할 수는 있어도 목숨까지는 요구하지 않는다. 어떤 프로에서 마키 씨 남편의 블로그가 소개되었다.

> 지금까지 가장 가까이에서 매일 들었던 목소리. 나를 지탱해 준 목소리. 분명 공포 속에서 내었을 목소리는 너무나 힘찼고, 그 소리가 미나미산리쿠초의 대피를 이끌었다고 생각합니다. 그러나 가족으로서는 피난하길 바랐습니다. 나중에 무슨 소리를 듣더라도 살아남기를 바랐습니다. 이것이 솔직한 심정 〔…〕.

이 말을 누구도 비난하지 못할 것이다.

최대의 공무 재해

동북 세 개 현에서 엔도 씨처럼 공무 중에 사망하거나 실종된 공무원이 330명이나 된다(《요미우리신문》, 2011년 6월 15일자). 경찰관은 40명, 소방직원은 27명에 이른다. 청사에서 쓰나미에 휩쓸린 경우가 많고 주민에게 대피를 유도하다 미처 피하지 못한 사람도 적지 않다. 공무원은 직업 전념 의무가 있고 가족이 피해를 보아도 공무를 우선해야 한다. 이러한 공무 중에 목숨을 잃은 분들에게 제대로 보상해야 한다.

이와테 현 미야코 시 주재소

지방공무원에게는 지방공무재해보상금 제도가 있다. '지방공무원 재해보상기금' 재원으로 본부가 인정하면 지급된다. 관청의 수몰, 근무지에서 대피 혹은 주민의 대피 유도 시 피해를 입는 경우가 이에 해당하지만 지진과 쓰나미 와중에 피해를 입었는지 판단하는 것이 미묘한 경우도 있을 것이다.

그러나 이번 재해에서 기금본부는 엄밀한 증명을 요구하지 않고 합리적으로 피해가 추정되면 이를 인정하는 방침을 보였다고 한다. 타당한 판단이다. 세세한 사정은 따지지 않고 일괄적으로 보상금을 신청한 자치제도 있다. 그 결과 유족에게 지급되는 공무재해 보상금은 최대 규모라고 한다. 참고로 한신대지진에서 인정된 공무 재해 사망자는 10명이었다(《요미우리》, 6월 15일자). 이 제도는 어디까지나 상근 공무원에게 적용된다.

비상근무 특별직 지방공무원인 소방대원의 희생도 심각했다. 총무성 소방청 2011년판 《소방백서》에 따르면 동북 세 개 현의 소방대원 사망자와 실종자는 모두 254명에 이른다(《아사히신문》, 12월

16일자 석간). '소방대원 등 공무재해보상 공제기금'에서 보상금이 나오지만 '소방단원 복지공제'의 조위금은 다수의 사망자가 동시에 나왔을 때는 '상정 밖의 사태'(일본소방협회 담당자의 말)이므로 6할이 감액된다고 한다(《요미우리》, 6월 21일자 석간). 쓰나미가 밀려오는 와중에도 주민에게 대피를 권고하다 목숨을 잃은 대부분의 소방대원은 한창 일할 나이였고 가족을 부양하는 가장들이었다. 유족에게 지급되는 위로금이 깎이자 이시마키시 소방단장은 '공무 중에 목숨을 잃었는데 가족의 장래를 충분히 보장해 주지 못하다니…'라며 눈물을 흘렸다 한다(《요미우리》, 같은 날). 소방대원에 대한 배려가 있어야 할 것이다.

'희생을 꺼리지 않는다'는 사상

'작은 정부'를 내걸고 강행된 '구조 개혁'으로 공무원 정원과 예산이 삭감되고 공무원의 사기도 저하되었다. 본래 동북 재해 지역은 공무원과 보조금 삭감으로 약해질 대로 약해진 상태였다. 이런 '약해진 지방'의 옆구리를 쓰나미가 찌른 것이다. '안전 신화'로 생각이 정지된 원전은 조금도 견디지 못했다.

원전 사고의 대응에는 방사능이라는 특별위험 부담이 있다. 대규모 재해 파견을 한 자위대도 가혹한 임무 수행 중 부사관 계급이 3명 사망했는데, 실제로는 후쿠시마 원전의 폭발 사고로 대원들이 부상당했다. 부상 정도 등 자세한 정보는 나오지 않는다. 3호기의 냉각을 위해 경찰, 자위대, 소방대원 순서로 방사능으로 오염된 위험 장소에서 주수注水 작업을 했다. 미국과의 관계에서 체면을 생각한 정치(관저)의 과잉 개입이 이 활동을 무리하게 진행하게 했다는 의혹도 지적되었다.

목숨을 분명히 잃는 위험한 임무를 명령할 수 있는가. '피폭의 위험도 돌보지 않고'라도 가볍게 얘기할 수 없는 문제가 여기에 있다.

다카하시 데쓰야高橋哲哉 씨(도쿄대)는 원전을 '희생을 각오하지 않으면 안 되는 시스템'이라 말한다(《마이니치신문》, 2011년 6월 17일자 석간). 사고 수습의 목표가 전혀 서 있지 않은 상태에서 앞으로 다양한 '희생자'자 나올 때마다, 다카하시 씨가 우려하는 국가의 논리가 나올 위험이 있다. 지금 원전에서는 도쿄전력의 직원보다 아래 도급, 또 그 아래 도급인 이름도 없는 많은 사람이 작업 중이다. 그런 '민간인'이 원전 사고에 열심히 대처하고 있는 것이다. 이러한 사람들에 대한 배려도 잊지 말아야 한다.

5. 국회와 정부는 어땠는가 ─'정치 수동手動'의 결과

재해 발생 후 도대체 국회는 무엇을 했는가. 정치 국면에 날은 샜고 재해 대책에서 가장 중요한 역할을 해야 할 시기와 국면에 국회는 제대로 기능하지 못했다.

제177회 정기국회는 6월 22일에 회기 말을 맞았다. 그날 70일간의 회기 연장이 결정되었다. 연장 폭은 90일→120일→50일→70일로 '오락가락'하다 직전에 70일로 정했다. '수상 연명책', '재상 불행 사회'라는 비판이 나오는 이유이기도 하다(《요미우리신문》, 2011년

6월 23일자 사설). '아사히 가단'(《아사히신문》, 5월 23일자)에서 읽은 인상 깊은 시구를 메모해 두었다. 짧은 시구 마디마다 슬픔과 강한 분노가 느껴졌다.

> 고향은 소리 없는 무인 도시가 되어 땅끝처럼 멀어진다(후쿠시마 현 도미오카초, 도쿄에 피난).
>
> 원전의 안전을 노래하는 슬로건에 봉쇄되는 거리(히타치나카 시).
>
> 늘어선 378번사 묘지는 학교의 터, 눈은 부드럽구나(이시마키 시).
>
> 미치노쿠는 참을성 있어서 힘들다 말 못하는 기질이 슬프구나(이와누마 시).

이 시가 나온 후 한 달 뒤 다시 '아사히 가단'을 읽어보니 심사위원이 4명 중 3명이 추천한 시가 있었다(6월 27일자).

> 언덕배기 밭에 구름은 낮고 황폐한 오천 개의 양배추에 꽃이 피었나니(히타치나카 시).

후쿠시마 현뿐만 아니라 이바라기 현의 채소 농가도 원전 피해를 봤다. 심사평에서는 '아름답고도 잔혹한 풍경. 이 아름다움에는 사람들의 원망이 담겨 있는 듯하다'라고 했다.

또 다른 심사위원은 '자원봉사자는 안다네 TV에는 나오지 않는 악취'를 추천하며 "아무리 충실히 추적해도 영상으로는 결코 가혹한 현장을 제대로 전달하지 못함을 호소한다. 현장이란 말 그대로 '그 자리'다"라고 평한다.

'회색의 국회' 국회의사당 외벽 개장(2010년 10월 26일 촬영)

나도 동북 재해 지역에서 맹렬한 악취를 경험해서 잘 안다. 텔레비전에서 보이는 영상은 너무 깨끗하다. 그러므로 정치인들은 흔한 시찰이 아닌 현장에 제대로 들어가 자신의 손발과 눈과 귀로 재해 지역에서 진정으로 무엇이 필요한지 파악해야 한다.

한신·아와지 대지진 때, 당시 무라야마 도미이치村山富市 수상은 담당 장관에게 모든 것을 맡기고 '모든 책임은 내가 진다'고 했다. 그는 스스로 능력의 한계를 알고 있었던 것이다. 그것이 그의 강점이었다. 정치지도자의 가장 큰 일은 책임지는 것이다. 오늘 그만둘 각오로 내일을 결단해야 한다.

6. 아시오 광산 문제와 후쿠시마 — 다나카 쇼조의 시각

다나카 쇼조 유적지를 찾아서

2011년 11월 13일 오후 도치기 현栃木県 사노 시佐野市에서 강연을 했다. 그때 다나카 쇼조田中正造 유적지를 와타라세강연구회 부대표인 아카우에 쓰요시赤上剛(와세다대학 공법연구회 선배)의 안내로 갔다. 쇼조는 1890년 제1회 중의원 선거에 당선된 이래 1901년까지 의원을 지낸 6선 의원으로 의원 시절 의회에서 아시오足尾 광산의 광독 문제를 제기하고 질의를 줄곧 했었다.

아사오 광산에서는 증산을 거듭하면서 안전 대책은 경시됐고, 광산에서 배출되는 아황산가스와 광독의 원인인 유화구리과 질산구리 화합물이 유출되어 주변 지역과 와타라세 강 유역에 심각한 피해를 입혔다. 제일 먼저 물고기가 자취를 감추고 어민은 생계를 이어갈 수 없게 되었다. 상류의 수목이 염료용으로 벌채되어 산의 보수력이 떨어진데다 제련소의 매연으로 나무들이 메말라 산은 민둥산이 되었고 이것이 홍수의 원인이 되었다. 홍수가 일어날 때마다 유해한 광독이 확산했고 농작물은 메말라 농민에게 심각한 피해를 끼쳤다.

국회 회의에서 쇼조의 질의는 현지 조사와 주민의 목소리를 담은 설득력 있는 것이었다. 이와 연동하여 광독 피해자의 대규모 청원진정운동('밀어내기')이 일어났다. 그 결과 내각은 결국 아시오광산광독사건조사위원회를 설치했다(1897년 3월). 그러나 '부국강병', '식산흥업'이 시대의 흐름이었다. 정부는 안전이 다소 희생되더라도 증산을 꾀하는 방향으로 기울어 유효한 조치를 위하지 못했다.

쇼조는 중의원직을 사직하고 메이지 천황에게 직소直訴를 결행한다(1901년 12월). 신문이 이 직소를 크게 다루어 광독 문제는 세상에 널리 알려지게 되었다. 정부도 마침내 무시할 수 없어 1902년 제2차 아시오광산광독사건조사위원회를 설치하였다. 위원회는 쇼조가 요구한 아시오 광산의 광업을 정지라는 본질은 건드리지 않고 '광독 문제'를 '치수 문제'로 바꿔치기하였다. 홍수로 일어나는 범람을 방지하기 위해 와타라세 강 하류에 유수지 건설이 필요하다 하여 다니나카무라谷中村를 선정하였다. 도치기 현栃木県은 이를 받아들이고 매수와 폐촌 계획을 추진하였는데 쇼조는 다니나카무라로 이주하여 잔류 주민과 함께 폐촌 반대운동을 전개하였다. 다니나카무라는 아시오 광산에서 수십 킬로미터 떨어져 있음에도 홍수가 날 때마다 논밭이 광독수로 오염되었다. 가장 피해가 큰 마을을 폐촌시키고 광산이 살아남는 것은 부조리하다. 쇼조는 세키슈쿠関宿(현재의 지바 현 노다 시)의 수문을 확장해 도네 강의 역류를 없애는 것으로 홍수는 막을 수 있다 하였고 1913년 사망할 때까지 다니나카무라 부활 운동을 이어갔다.

오늘날 쇼조 직소장의 의미

사노 시 향토박물관에서 직소장(복사)을 보았다. 쇼조의 의뢰로 《만조보》 기자 고토쿠 슈스이幸德秋水가 쓴 초안을 쇼조가 수정하고 가필한 부분이 곳곳에 보인다.

이 소장에서 주목받는 것은 정부에게 지시하도록 천황에게 요구한 다음 여섯 가지이다. ①와타라세 강의 수원을 깨끗이 할 것, ②강의 유로를 수리 축조해 원래 자연 상태로 되돌릴 것, ③맹독성 흙을 제거할 것, ④연안의 무수한 천연생물을 부활시킬 것, ⑤폐허가 된 마을들을 회복시킬 것, ⑥맹독을 배출하는 광업을 정지시켜 오염된 독성물과 유독한 폐석의 유출을 근절할 것.

이것은 바로 현재, '3·11' 후의 일본에 생생하게 이어진다. 아시오 광산을 후쿠시마 원전으로 바꾸면 요구되는 여섯 가지는 바로 지금의 과제이다. 맹독토의 오염과 황폐한 마을의 부활, 모든 원전을 정지시키고 '독'(방사능)의 유출을 '근절'하는 것. 쇼조는 "지진과 해일(쓰나미)과 같은 천재지변도 너무나 큰 참사다. 그러나 이것은 일시인 재해이다. [⋯] 따라서 광독 사건은 천재(홍수)에 인재(광독)가 더해진 '합성해'이다. [⋯] 돈으로 여론을 조작하고 기업(고가와)을 변호한다. [⋯] 홍수와 광독의 합성 가해는 토지와 사람을 모두 멸망시켜야 비로소 멈추는 악독이다"라고 남긴다. 아카도 씨는 "아시오 광산 문제를 지진·쓰나미(천재)와 원전(인재)으로 바꾸면 지금과 똑같은 상황이다. '정치, 관료, 기업 저널리즘'이 하나가 되어 '합성 가해'를 만들었다. 신문과 방송은 '복합 재해'라고 말하지만, 원전은 인재이므로 쇼조의 말대로 '합성(복합) 가해'라 해야 할 것이다. [⋯] 동북·관동 지역이 강제 폐촌, 강제 파괴당한 '다니나카촌'처럼 되고 있다"(아카도 쓰요시 《다나카 쇼조에게 배우는 모임 회보》 146호)라고 한다. 아카도 씨는 '동일본대지진·후쿠시마 원전 가해'의 책임 소재를 명확히 해야 한다고 주장한다.

'다니나카무라'는 내 머릿속에서 4월에 방문한 계획피난지구인 이이다테 무라와 오버랩된다. 《도쿄신문》 11월 9일자 '여기는 특보부'는 "광독과 방사능의 차이는 있을지언정 이를 초래한 가해기업은 정부와 친밀하고 피해 주민을 도탄에 빠뜨렸다. 백 년 이상의 시간이 지났지만, 양자는 흡사하다. 아시오 광산에서 투쟁의 선두에 섰던 정치인, 다나카 쇼조는 목숨을 걸고 정부를 규탄했다. 그의 말과 행보는 지금 우리에게 무엇을 전하고 있는가"라고 한다. 기사에서도 인용되었지만 '진정한 문명은 산과 강을 황폐화하지 않고 마을을 파괴하지 않으며 사람을 해치지 말아야 한다'는 쇼조의 말은 바로 '현대'를 겨냥하고 있다.

헌법을 살리기 위해서

사노 시 향토박물관에는 쇼조의 유품이 전시되어 있다. 그중에서 끈으로 묶인 《제국헌법》과 《신약성서》(마태복음)의 합본이 있었다. 유품을 보면서 나는 '다나카 쇼조와 3·11'과 '다나카 쇼조와 헌법'을 생각했다. 쇼조에게 기독교와 제국헌법은 모두 생활과 실천으로 '활용'하는 것이라 생각했던 것은 아닐까. 제국헌법은 불충분하지만, 종교의 자유, 언론의 자유, 집회·결사의 자유, 청원권을 보장하므로, 쇼조는 제국헌법을 실제로 '활용'한 것이다.

또 직소장에는 앞선 6조 항의 요구와 함께 다음 말이 이어진다.

> 이렇게 해야만 수십만의 생명을 살리고 거주와 상속의 기본을 회복하여 인구 감소를 막을 수 있습니다. 또한, 우리 일본제국 헌법과 법률을 정당히 실행하여 각자의 권리를 유지하고 장래 국가의 기초인 무수한 세력과 재산의 손실을 단절시킬 수 있습니다.

'인권 또한 법률보다 무겁다'는 쇼조의 말을 되새겨야 한다(《다나카쇼조 전집》, 13권, 157페이지).

7. 새로운 연대의 싹 — 울리히 벡의 주장에서

재난 이후 그리고 '후쿠시마 이후' 일본은 어떤 방향으로 나아갈까. 이와 관련해 독일의 사회학자 울리히 벡의 지적은 주목할 만하다(〈후쿠시마, 혹은 글로벌 리스크 사회에서 일본의 미래〉, 《세계》, 2011년 7월호, 70-72페이지).

> 원전 사고의 귀결이 잠재적으로 국경을 넘어감에도 원전 건설을 결정할 때 국민국가가 주권을 갖는 것은 모순이다. '원자 구름'뿐만 아니라 특히 방사능에 오염된 해수를 바다로 방출하는 것도 마찬가지다. 〔…〕 피해가 국경을 넘어가는 큰 리스크는 국경 분쟁의 원인이 되기 쉽다. 동시에 이러한 리스크는 새로운 기회를 연다 — 즉 글로벌 협력을 알린다. 방사능의 위험을 인정하는 것은 모든 지역, 모든 대도시, 아니 그 어떤 나라도 피해를 피할 수 없음을 인정하는 것과 같다.
>
> 〔…〕 '전 세계에 일본을 묻는 것—새로운 일본의 글로벌화'는 재해로 위험에 빠진 일본에 오히려 바람직하고 위기에서 벗어날 길을 열어 줄지도 모른다. 정치 구조와 정치 활동이 글로벌화되면 국가적 이해도 촉진되고 글로벌 시대에 일본의 중요성도 점점 커질 것이다. 이렇게 본다면 일본사회·경제·정치를 뿌리째 흔든 대사건도 일본이 세계로 열리는 기회가 될지도 모른다.

이런 벡의 예측이 맞을지는 미묘하다. 정치의 약화가 점점 심해지는 요즘 이 '기회'는 새로운 위기로 연동될 가능성도 내재하고 있다. 특정 국가와 특정 이익에 개방이 편중되기도 하기 때문이다. 그러나 재해 이후의 일본 시민사회(일부러 시민사회라 표현한다)가 일본 헌법 전문이 말하는 '평화를 사랑하는 모든 국민peace loving peoples'과 연계와 연대를 구축하기 위해 벡이 말한 '기회'는 넓어지지 않을까.

재해 직후 전 세계에서 그리고 일본과의 관계가 얼어붙은 아시아 주변 국가에서도 보여 준 연대의 움직임에는, 일본의 미디어가 잡지 못했지만, 작고 소소한 움직임의 연쇄에서 희망과 가능성이 내재되어 있다고 본다. 문제는 일본의 시민이 '열린 마음'으로 이것을 받아들일 수 있는가이다. '외교'란 본래 이와 같은 시민의 '문화'에서 전개되어야 한다. 일본 외교를 지배하는 '미·일 동맹만' 있는 사고를 극복하고 아시아와 세계를 향해 진정한 개국을 할 수 있을까. '8·15'가 일본 헌법을 낳았듯이 '3·11'이 이 나라에 가져올 것이 있다면 그것은 '아시아 속의 일본'이라는 '개국'이 아닐까.

출전

1. 〈동일본대지진과 헌법—재해지에서 생각하다〉, 《법률시보》, 83권 8호(2011년 7월호).
2. 위 논문을 일부 수정.
3. 새로 씀.
4. '직언', 2011년 8월 1일 '대지진 재해와 공무원'.
5. '직언', 2011년 7월 4일 '공전과 절전의 국회'.
6. '직언', 2011년 11월 28일 '다나카 쇼조와 3·11과 헌법'.
7. 〈동일본대지진 후의 아시아와 일본—헌법의 시점에서〉, 《법학관 헌법연구소보》, 5호(2011년 7월).

〈지진재해 이후를 생각하다〉 시리즈 간행에 부치는
와세다대학 출판부의 발간사

2011년 3월 11일 발생한 동일본대지진은 거대 지진과 쓰나미에 원전사고가 복합적으로 작용하여 인간의 상상을 초월하는 피해를 초래하였으며 그 충격은 전 세계를 경악시켰습니다. 이번 재해는 사람들의 사고방식과 행동 그리고 전제가 되는 제도에 대해 되묻는 계기가 되었고, 개인·조직·사회의 모든 면에 걸친 새로운 연구와 지식창조를 요구하는 사건이기도 하였습니다.

이러한 상황 아래, 일본을 대표하는 지적 공동체인 와세다대학에서는 지체없이 부흥지원을 위한 여러 가지 행동을 취하였고, 동일본대지진 부흥연구 거점을 설립하였습니다. 또한 자원봉사자 파견을 비롯하여 재해 관련 연구와 이를 지원하기 위한 프로젝트를 활발히 전개해 나갔습니다.

와세다대학 출판부는 지식의 창조·보급·보존이라는 대학의 사명을 실현하기 위해 힘을 보태고자, 새로운 시리즈로서 와세다대학 Booklet 〈지진재해 이후를 생각하다〉의 간행에 착수하였습니다. 이 기획은 대진재의 참극을 딛고 일어서야 할 이재민들의 생활과 그들을 지원하는 활동, 그리고 이를 지지하는 연구 속에서 새로운 지식의 탄생을 모색하여, 그것을 관찰→분석→설명→행동…의 모든 단계에서 가능한 한 실시간으로 널리 사회에 제공하고자 하는 것입니다.

지식창조에는 완성이라는 것이 없고 늘 다음 단계의 과제를 향하게 마련입니다. 그런 까닭에 이 시리즈는 잡지의 기동성과 서적의 체계성을 겸비한 경쾌한 소책자 형태를 선택하였습니다. 또, 전문가와 실무자·시민·학생 등 각 계층이 읽기 쉽도록 편집하였고, 아울러 와세다대학이 포함하는 광대한 분야에 걸맞게 여러 가지 영역의 연구·지원 활동의 성과가 수록되었습니다. 후일 재해 극복과 부흥의 이야기들이 기쁨으로 회자될 때, 우리는 이러한 업적이 축적되어 크나큰 지식으로 가득 찬 백과사전으로서 많은 사람들에게 읽히기를 기대합니다.

부디 이 프로젝트에 독자로서, 그리고 저자로서, 참가해 주시기를 부탁드립니다.

2011년 11월
와세다대학 출판부

■ 미즈시마 아사호水島朝穗

와세다대학 대학원 법학연구과 졸업
삿포로대학 조교수, 히로시마대학 교수를 거쳐 현재 와세다대학 법학학술원 교수(전공: 헌법·법정책론)
헌법이론연구회 대표, 전국헌법연구회 운영위원, 국제법률가협회 이사 등.
주요 저서: 《현대군사법제도의 연구》, 《헌법 '사私'론》, 《18세부터 시작하는 헌법》, 《시대를 읽다》, 《일본은 '유엔의 전쟁'에 참가하는가》 등
NHK라디오 제1방송 '신문을 읽고'를 14년간 방송. 홈페이지(HTTP://www.asaho.com)에 '평화헌법의 메세지'를 1997년부터 매주 연속 갱신 중

■ 박미현

부산대학교 일어일문학과 졸업
오사카대학 대학원 문학연구과 박사과정 졸업(문학박사)
부산대학교 일본연구소 연구원
주요 논문 : 〈일본서기 1인칭복수대명사의 고찰〉(일본문화연구 44), 〈청탁혼용 만요가나에 대하여〉(일본어문학 51)

동일본대지진과 핵재난—와세다 리포트 4

동일본대지진과 헌법

초판발행 1쇄 2013년 3월 11일

지은이 미즈시마 아사호
옮긴이 박미현
펴낸곳 고려대학교출판부
www.kupress.com
kupress@korea.ac.kr
136-701 서울특별시 성북구 안암로 145
02-3290-4230, 4232
Fax 923-6311

찍은곳 내일기획

ISBN 978-89-7641-804-3 04330
ISBN 978-89-7641-800-5 (세트)

값 8,000원

* 잘못 만들어진 책은 바꿔드립니다.